Teaching Students in Accordance with Their Aptitude
A Teacher's Manual of Growth

因材施教

教师成长手册

张敏 ◎ 主编

图书在版编目（CIP）数据

因材施教：教师成长手册 / 张敏主编 . —北京：北京大学出版社，2023.7
ISBN 978-7-301-34026-4

Ⅰ.①因… Ⅱ.①张… Ⅲ.①因材施教 Ⅳ.① G422

中国国家版本馆 CIP 数据核字 (2023) 第 091391 号

书　　名	因材施教：教师成长手册 YINCAISHIJIAO: JIAOSHI CHENGZHANG SHOUCE
著作责任者	张　敏　主编
责 任 编 辑	姚文海
标 准 书 号	ISBN 978-7-301-34026-4
出 版 发 行	北京大学出版社
地　　址	北京市海淀区成府路 205 号　100871
网　　址	http://www.pup.cn　新浪微博：@ 北京大学出版社
电 子 信 箱	sdyy_2005@126.com
电　　话	邮购部 010-62752015　发行部 010-62750672　编辑部 021-62071998
印 刷 者	北京鑫海金澳胶印有限公司
经 销 者	新华书店
	720 毫米 ×1020 毫米　16 开本　12.75 印张　201 千字 2023 年 7 月第 1 版　2023 年 7 月第 1 次印刷
定　　价	58.00 元

未经许可，不得以任何方式复制或抄袭本书之部分或全部内容。
版权所有，侵权必究
举报电话：010-62752024　电子信箱：fd@pup.pku.edu.cn
图书如有印装质量问题，请与出版部联系，电话：010-62756370

序　言

教育的核心使命在于立德树人，在于培养德智体美劳全面发展的高质量人才。如何顺应时代发展需要和学生成长需求，有效推动人才培养理念与方式的变革，不仅关系到民族振兴、社会进步，也关系到教育价值的实现和使命的达成。纵观近年来国内外基础教育变革，不论是政策制度层面的顶层设计，还是区域学校层面的具体实践，尽管改革的举措可能有所差异，但究其根本都是围绕人才培养而开展的主动建构和自觉创造。由此可以认为，人才培养理念和方式的变革问题，是当下及未来教育改革与发展的核心问题。

高质量的人才培养，既需要完善的制度、优良的环境、充足的资源等作为外部保障，更需要每一所学校、每一位教师实实在在的努力。学校是基本的育人单位，学校教育也是最重要、最有效的人才培养方式，只有每一所学校都充分认识到自身在人才培养中的重要使命，并着力校本化，以破解人才培养的关键性问题，高质量人才培养才能够如"源头活水"般生动有效和长久。

本书就是近年来学校管理者和一线教师对于如何在新的发展时期做好学校人才培养及改革创新工作的系统思考和实践。本书具有三个方面的特色：其一，紧跟时代。近年来，以习近平同志为核心的党中央格外注重教育改革发展，并对教育"为谁培养人、培养怎样的人、怎样培养人"等核心问题作出了系列指示和部署，应该说，学校教育如何培养人才的问题是当前时代中国教育改革与发展的核心问题。本书就此问题开展探索，是对时代发展脉搏的准确把握，也体现了一所学校在教育改革发展中的责任和担当，这种紧跟时代发展的教育问题探索，体现了本书写作的时代性和价值性。其二，紧靠教师。教师是教育质量的重要决定因素，也是人才培养的核心力量，任何人才培养理念与路径变革，最终都需要通过教师的创造性劳动来落实。本书的写作过程，从某种程度上说就是以学科教学为支点，以行动研究为方式，系统思考如何依托学科教学改善人才培养质量的过程，每一篇案例背后折射的都是一线教师的个性化思考和实践，也正是因为这些源于一线教师的实践成果，在很大程度上提升了本书的可读性和实践性。其三，紧贴学生。学生是学校人才培养理念与方式改革的作用对象，也是改革的出发点。纵观当下的各类教育改革，实际上都在认可和尊重学生的主体地位，都把学生的成长需求作为改革的重要设计依据。就本书的内容而言，不论是理论研究中个性化的人才培养模型建构，还是实践研究中每一个具体案例的呈现和具体问题的解决，都是在充分了解和尊重学生实际情况的基础上进行的精心设计，都很好地体现了"以学生为本"的理念，正是这种紧贴学生实际的探索才能够从根本上保障学校教育的学生立场，保障改革最终落脚于学生的成长发展。

人才培养，任重道远，真心希望像《因材施教：教师成长手册》这样的基于一线教师的研究成果越来越多。

2023 年 5 月 20 日

目　　录

引　言 …………………………………………………………… 1

上　篇　理性的思考

第一章　对学校人才培养的共性认知 …………………………… 13
　　第一节　教育改革方针政策 ………………………………… 13
　　第二节　核心素养框架体系 ………………………………… 17
　　第三节　相关研究文献梳理 ………………………………… 23

第二章　对新时代学校人才培养的个性思考 …………………… 26
　　第一节　学校独特办学理念 ………………………………… 26
　　第二节　学校公民教育特色 ………………………………… 29
　　第三节　学生成长需要 ……………………………………… 40

第三章　学校人才培养模型的校本建构 ………………………… 44
　　第一节　以学生学科素养的积淀为基础 …………………… 45
　　第二节　以学生交往能力的提升为支撑 …………………… 47
　　第三节　以学生学习能力的提升为核心 …………………… 50
　　第四节　以学生自控能力的提升为保障 …………………… 52

下　篇　行动的探索

第四章　学生学科素养培育的行动探索 ………………………… 59
　　第一节　语文学科素养的理论阐释与实践案例 …………… 59

第二节　数学学科素养的理论阐释与实践案例……………… 80
第三节　英语学科素养的理论阐释与实践案例……………… 97
第四节　艺术审美素养的理论阐释与实践案例……………… 113

第五章　学生交往能力培育的行动探索…………………………… 124
第一节　与同伴交往的价值解读与实践案例………………… 124
第二节　与教师交往的价值解读与实践案例………………… 136
第三节　与亲人交往的价值解读与实践案例………………… 144

第六章　学生学习能力培育的行动探索…………………………… 152
第一节　学习动力激发的理论阐释与实践案例……………… 152
第二节　学习兴趣培养的理论阐释与实践案例……………… 160
第三节　学习毅力保持的理论阐释与实践案例……………… 165
第四节　学习技巧提升的理论阐释与实践案例……………… 168

第七章　学生自控能力培育的行动探索…………………………… 181
第一节　学生自控能力的理论阐释…………………………… 181
第二节　学生自控能力的实践案例…………………………… 182

结语　学校人才培养理念与方式变革的未来展望………………… 193

主要参考文献………………………………………………………… 195

引 言

以校本化探索破解人才培养的关键问题

回顾近代以来的人类社会发展历史，社会的每一次变革和飞跃都与教育改革发展息息相关，通过教育变革提升人才培养质量进而为经济社会各领域发展提供充足的人力资源支持，已经成为世界各国经济社会发展的共性认识和普遍规律。当前，中国已进入后工业化时代，同时，新科技革命和产业变革蓄势待发，创新成为引领经济社会发展的第一动力。人才作为创新活动的核心要素，成为赢得国际竞争优势的战略资源，要建设世界科技强国，实现国家富强、民族复兴，人才培养起着重要的基础性作用。[①] 当前对于人才培养的改革探索更多地集中于高等教育领域，但实际上人才培养是一个循序渐进的过程，只有贯通各个教育阶段，联通不同教育领域，才能真正构筑起高质量人才培养的完整体系。对于基础教育而言，就是要充分发挥每一所学校的自觉性、主动性，通过富有特色的校本探索破解人才培养的关键性问题，形成人才培养改革的有效路径，为高质量人才培养提供校本智慧，同时彰显学校教育的独特价值与办学使命。

---

① 赵兰香，等.中国人才培养急需"双重转型"[J].中国科学院院刊，2019（5）：533-541.

一、人才的培养是当下教育改革发展的关键问题

纵观当下的教育改革，不论是相关教育政策的制定、教育主题研究的开展还是学校教育教学改革的实践，无不把人才培养的改革作为重中之重。毋庸置疑的是，如何有效推动人才培养体系的改革创新，提升人才培养的整体质量和水平，已经成为时代发展的重要课题。

从当前中国教育改革发展的现实情况看，人才培养的改革问题已经上升为一个党和国家高度关注、全社会普遍关心的重要问题，不论是教育发展重要文件的制定还是党和国家领导人的重要讲话，都透露出对人才培养改革的高度关注。

近年来，习近平总书记就教育问题发表了系列重要讲话，提出了系列新思想、新观点，形成了以"九个坚持"为标志的教育思想体系，涵盖教育战略定位论、教育战略功能论、教育改革向度论、教育实践系统论等，诠释了教育优先发展的战略定位、立德树人的根本任务、教育改革的"四维"向度，厘清了学校、教师、学生的互动生态，内蕴了人民享受更好、更公平教育的共享型品格，是新时代中国特色社会主义教育的根本遵循和行动指南。在这一思想体系中，对于人才培养体系的建构和人才培养模式的改革，习近平总书记也给予了充分的关注，并提出了许多重要的论断。

2016年9月9日，习近平总书记在视察北京市八一学校时指出："基础教育是立德树人的事业，要旗帜鲜明加强思想政治教育、品德教育，加强社会主义核心价值观教育，引导学生自尊自信自立自强。"基础教育是提高民族素质的奠基工程，要遵循青少年成长特点和规律，扎实做好基础教育的文章。基础教育要树立强烈的人才观，大力推进素质教育，鼓励学校办出特色，鼓励教师教出风格。

2017年10月18日，在党的十九大报告中，习近平总书记专门就优先发展教育事业进行了论述："建设教育强国是中华民族伟大复兴的基础工程，必须把教育事业放在优先位置，深化教育改革，加快教育现代化，办好人民满意的教育。要全面贯彻党的教育方针，落实立德树人根本任务，发展素质教育，推进教育公平，培养德智体美劳全面发展的社会主义建设者和接班人。"同时特别指出，要努力让每个孩子都能享有公平而有质量的教育。

2018年5月2日,在同北京大学师生进行座谈时,习近平总书记指出:"社会主义建设者和接班人,既要有高尚品德,又要有真才实学。学生在大学里学什么、能学到什么、学得怎么样,同大学人才培养体系密切相关。"同时强调,要着力构建高质量人才培养体系,立足于培养什么人、怎样培养人这个根本问题,可以借鉴国外有益做法,但必须扎根中国大地。

2018年9月10日,在全国教育大会上,习近平总书记强调,要"在党的坚强领导下,全面贯彻党的教育方针,坚持马克思主义指导地位,坚持中国特色社会主义教育发展道路,坚持社会主义办学方向,立足基本国情,遵循教育规律,坚持改革创新,以凝聚人心、完善人格、开发人力、培育人才、造福人民为工作目标,培养德智体美劳全面发展的社会主义建设者和接班人,加快推进教育现代化、建设教育强国、办好人民满意的教育"。关于人才培养,总书记特别指出:"培养什么人,是教育的首要问题。我国是中国共产党领导的社会主义国家,这就决定了我们的教育必须把培养社会主义建设者和接班人作为根本任务,培养一代又一代拥护中国共产党领导和我国社会主义制度、立志为中国特色社会主义事业奋斗终身的有用人才。这是教育工作的根本任务,也是教育现代化的方向目标。"为实现这样的人才培养目标,习近平总书记强调,"要努力构建德智体美劳全面培养的教育体系,形成更高水平的人才培养体系。要把立德树人融入思想道德教育、文化知识教育、社会实践教育各环节,贯穿基础教育、职业教育、高等教育各领域,学科体系、教学体系、教材体系、管理体系要围绕这个目标来设计,教师要围绕这个目标来教,学生要围绕这个目标来学。凡是不利于实现这个目标的做法都要坚决改过来"。

除了党和国家领导人的重要讲话,近年来出台的相关教育政策,也对人才培养改革给予充分关注,关于这一部分的梳理将在本书第一章第一节中集中呈现。

总之,无论是从哪一个角度分析,对于人才培养的高度关注都已经成为当前教育发展乃至整个社会发展的关键,这一问题受关注程度之深、影响波及范围之广可以说是前所未有的,从某种程度上说,推动教育改革就是要推动人才培养理念和体系的改革,教育质量的提升就是要表现为人才培养质量的提升,这是当下教育改革发展的主线。

二、理念与路径是影响人才培养质量的核心问题

学校中的人才培养改革是一项系统工程，要深入推进这一系统工程，必须从认知和行动两个维度全面介入，也就是说，要明确新时代学校人才培养体系改革和人才培养质量提升应有的理念和路径，实现教育变革理论和实践的有机统一。

教育理论与实践关系是教育研究过程中的一个基本问题，教育理论如何联系与指导教育实践，教育实践又如何滋生新的教育理论，这似乎已经成为一个多年争论但一直没有得到共性认识的复杂问题。从主体的视角看教育理论与实践的关系有二：第一，同一主体"知"与"行"的关系；第二，不同主体之间理论与实践的关系。理论与实践之间的紧张关系主要针对后者，特别是教育理论工作者和一线教师之间由于身份和工作性质的差异，导致理论和实践的鸿沟在现实之中非常明显。用教育理论指导教育实践，这是教师、教育行政人员和教育理论研究者的普遍愿望。理论应该而且也能够指导实践，这是一个几乎不需要质疑，也几乎无人质疑的"公理"。这种现象实际上是对"理论指导"的简单化理解和对于教育工作者自主意识、自主活动、自主价值的漠视。这种关于"理论指导"的认识误区在于，假定所有实际工作者是在同样的环境、条件下工作的；同时，实际工作者的头脑中是一片"理论的真空"，可以听凭别人把理论塞进自己的头脑。由于这种假设不能成立，故要求理论指导这样的"实践"，实际上是对理论的苛求。教育者受自身实践条件的限制，尽管每日置身于实践之中，但因囿于见闻，一般按照既定的规范，凭自己的经验与以别人为榜样进行工作，即使对自己多年的实践也未必真正了解，这才需要理论的指导。然而，教育理论所能提供只能是各种可靠的信息以开拓教育工作者的视野。其中，教育科学理论即使"科学性"有限，但至少可使人借此合理地解释一些教育现象，并知道如何搜集、整理实践中的经验材料，增进自己对真实情况的了解；使教师更多地理解各种教育规范以及隐含在各种教育规范和教育行为中的教育价值观念，依据自己的实践条件，自主地作出选择。如果理论本身可靠，那么教育工作者能否从中获得教益，主要取决于他们自身的努力。[1]这也就意味着，要真

---

[1] 陈水平，等.教育理念的价值及其实现[J].山西大学学报（哲学社会科学版），2010（5）：97-102.

正实现理论与实践的融合，教师必须努力实现理论知识的内化，形成自己可以理解并实现的"教育哲学"，建构自己的教育理念，并主动将这一理念转化为现实的教育行为。从这一角度出发，基础教育体系中推动人才培养改革，就是要树立起学校和教师明确、科学的人才培养理念，建构起有效的人才培养路径体系。

一方面，推动学校人才培养质量的创新，需要树立起科学的人才培养理念。理念是行动的先导，科学的教育理念是推动教育变革、提升教育质量的重要智力支持和行动指南。对于教育理念的认知通常有三种：其一，认为教育理念是对教育活动的理性认识；其二，认为教育理念是对教育理想的预设；其三，认为教育理念是教育实践的反映。不论怎样理解教育理念，都能够感受到教育理念的重要实践价值。教育理念作为教育实践的"指针"，为教育实践指引方向。教育观决定教育的价值取向，教育操作思路决定教育的操作路线。有了教育理念，教育实践者就有了教育的信仰和操作的航向。[①] 当前，围绕学校人才培养，众多的教育理念不断萌发，既显示了我国教育研究的蓬勃趋势，也为人才培养的实践变革提供了更多智力支持。对于学校和一线教师而言，要系统吸收先进的教育理念，如以人为本理念、全面发展理念、核心素养理念、全纳教育理念、公民教育理念等，围绕时代发展赋予教育的新特征、新使命和学校的办学定位、办学特色进行个性化加工，形成学校在人才培养上的价值信条。有了这种价值信条，学校就有了自己在人才培养领域的独特认知和行为方式，人才培养模式的改革与创新也就不会是一种盲目行为。

另一方面，推动学校人才培养质量的创新，需要扎实的校本化行动探索。教育学是一门实践性很强的学科，教育改革成效的取得，最终也需要实实在在的行动，因此，树立起科学的人才培养理念之后，学校需要做的就是围绕这些理念进行系统的教学与管理变革，形成人才培养改革的具体行动。当然，这种行动也不应该是盲目的，而应建立在对学生、对课程、对教学等元素的合理认知基础之上，因此，校本变革人才培养模式的关键在于研究学生、研究课程、研究课堂教学、研究办学资源。首先，学校和教师要静下心来，研究自己的学生，因为学生是学

---

① 陈水平，等.教育理念的价值及其实现[J].山西大学学报（哲学社会科学版），2010（5）：97-102.

校一切工作的出发点和归宿。要了解学生的现状、困惑和需求，为学生传道解惑，为其创设健康成长的环境；要了解学生的习惯、兴趣和志向，养成好习惯，引导帮助学生完成潜质、兴趣与志向的统合，做好人生规划。只有这样，学校才能有的放矢地开展教育，学习才能由"外压"变"内驱"，从而解决学生学习的动力机制问题。其次，学校和教师要树立开放的大课程观，构建一个开放的大课程体系。学校课程建设首先要符合学生实际，满足他们的需求。"校本"的依据是"生本"，"校本"必须服从于、服务于"生本"，要教学生学得会的东西，教与学生性向一致的东西。校长要努力提高自身的课程领导力，包括必修课的目标设定、选修课的开发和使用、学校活动的课程化管理等方面的能力。再次，课堂是学校工作的主渠道，学校和教师理应关注课堂。应鼓励教师提高课堂效率，在课堂上解决"会"的问题；以学生为主体，把课堂上更多的时间、空间还给学生，开启学生的思维，发展学生的智力，提高学生的能力。最后，学校和教师要研究用现代教育技术实现教育的个别化，让每个人都得到充分、自由、全面的发展。学校要实行民主化管理，调动教师的积极性，要给教师搭平台，引导教师常反思；要善于教育、引导家长，统一家长的思想，形成教育合力；要开放办学，与社区合作，充分利用社区资源来开展教育活动。[①]只有如此，才能建构起人才培养的完整的、高质量的体系，实现学校办学价值和人才培养品质的提升。

三、课堂和教师是破解人才培养难题的关键要素

理念和行动解决的是中观维度的人才培养改革问题，对于基础教育学校而言，人才培养这一核心问题的解决需要依赖课堂教学的持续改进，以及高素质、专业化的教师队伍，因此，课堂和教师是破解人才培养难题的关键要素，人才培养理念与方式的创新最终要落脚于课堂和教师。

（一）提高人才培养质量要以推进课堂改革为抓手

从我国教育改革发展的现实看，提高质量已成为当前教育改革发展的主题。提高教育质量，本质上就是提高人才培养质量，就是把人才培养质量作为学校办

---

① 张绪培.办不一样的学校，培养不一样的人才[J].中国教育学刊，2012（12）：1.

学水平的根本标准和核心任务。提高学校人才培养质量和水平涉及很多方面的改革创新，其中，改造课堂是提高人才培养质量的突破口、关键点和主要抓手，这是因为：

其一，课堂教学在整个人才培养体系中居于中心位置。学校人才培养系统包括诸多环节，如课程建设、课堂教学、教师队伍建设、教育资源保障、信息技术应用、综合实践活动等，每一个环节都非常必要和重要，缺一不可，离开任何一个环节，人才培养的任务都无法完成。但课堂教学无疑居于人才培养系统的中心位置。课堂是学生受教的主要场所，也是师生交流以及学生相互交流的主要场合；课堂教学是学生价值观塑造、能力提升、知识传授的主要渠道和基本方式。在学校中，学生的主要学习活动也在课堂上进行，图书馆、实验室等虽然也是学生学习的重要场所，但任何一个场所都无法替代课堂的重要地位，因此，学校人才培养体系改革的过程中如果缺少对于课堂教学的关注必定会舍本逐末，难以取得理想的效果。

其二，课堂教学质量是人才培养质量的主要依据和标志。从一定意义上说，有了好教师和好课堂，学生的培养质量就有了切实的保障。学校之间的区别有很多，但能否培养出优秀学生是其主要差别。而能否培养出优秀学生的关键，在于是否有好教师和好课堂。抓住课堂质量，抓住课堂教学水平，就抓住了人才培养质量的"牛鼻子"；放弃课堂，不重视课堂教学水平的提升，人才培养质量就无从谈起。同时，课堂教学也是其他人才培养环节的基础和前提，没有高质量的课堂教学，学生不通过课堂学习获得系统的基础知识、专业知识和相关能力，其他人才培养环节就无法有效进行。

其三，课堂教学改革是教师和学生可以共同参与、能有所贡献的教育环节。学生的成长成才是一项系统工程，既需要外部力量的牵引，也需要学生自我的主动思考和建构，因此，学生能否真切地参与到人才培养体系的改革之中，并在这一过程中充分发挥自主意识，也是决定人才培养改革成败的重要因素。从实践的角度看，选择以课堂教学改革为突破口提高人才培养质量，与课堂教学本身的特点直接相关。课堂教学是教师和学生共同参与的活动，从课堂教学改革做起，无论对教师还是对学生来说都更直接、更容易操作，也更容易产生效果；而其他领域的人才培养改革，如教师队伍建设、教育资源拓展、课程体系建构等，学生无法参与或参与程度比较低。①正如前文所述，没有学生的充分参与，提高人才培养质量是不可能的。只有让学生充分参与课堂教学，提高课堂教学质量的目标才能落地生根，人才培养质量的提升才能够成为"源头活水"。

（二）提高人才培养质量要以教师队伍建设为保障

教师承担着传播知识、传播思想、传播真理的历史使命，肩负着塑造灵魂、塑造生命、塑造人的时代重任，是教育发展的第一资源，是国家富强、民族振兴、人民幸福的重要基石。在人类为社会发展、文明传承、技术进步、素质提升、道德完善而组织进行的现代教育事业中，教师是一切教育活动的主体与主导者，是一切教育行为的实践与变革者。在层次众多、类型多样、学科众多的现代教育体系中，无论是要推进因材施教还是要做到有教无类，无论是要追求人格陶冶还是要重视知识完备，无论是要促进学生全面发展还是要面向全体学生，无不需要教师具有完整的知识结构、高超的教学能力、高尚的师德修养、不懈的专业追求、无私的奉献精神，只有这样才能真正实现教书育人的根本目的。

无论是从历史还是现实看，也无论是从基础教育还是高等教育看，要想提高教育水平，就必须提高教师素质；要办一流的教育，就必须打造一流的教师队伍。②正是因为充分认识到教师对学生、对学校、对教育乃至对国家民族所具有的决定性意义，无论是国家政策的制定还是学校课程改革、管理改革的推进，都把教师队伍的专业化建设作为重中之重，都强调通过高素质教师队伍的建设为教育改革的推进和人才培养质量的提升提供保障。

促进教师的专业成长是构建高质量教师队伍的应有之义，在教师专业成长的路径体系中，基于课堂的实践发展模式是最为基础，也最为重要的。目前，我国基础教育课程改革正在走向深入，越来越关注课程理念在课堂中的有效实现。教师发展不再仅仅停留在认识层面，更是现实的体现。教师发展也不再仅仅靠被动、机械听课或积学分来完成，更是教师亲历课程、改进教学行动的改进过程，③这

---

① 卫建国.以改造课堂为突破口提高人才培养质量 [J].教育研究，2017（6）：125-131.
② 李晓延.新时代教师队伍建设的重要意义 [J].人民论坛，2018（12）：121-123.
③ 王海燕.立足课堂的教师发展可能 [J].教育发展研究，2017（7）：25-30.

既是实现教师专业成长的保障,也是推动学校人才培养体系变革、提升人才培养质量的保障。

综上所述,教育工作本身具有复杂性,人才培养体系的建构和改革同样是各种因素交织、各方面力量角逐的综合实践活动,在这一活动过程中,既需要学校和教师有科学的育人理念,也需要基于学校实际开展扎扎实实的变革行动。从学校教育的实际情况看,这些变革必须围绕课堂教学开展,必须充分发挥教师的自觉性和能动性,只有如此,人才培养改革才能真正落到实处。

上 篇

理性的思考

第一章　对学校人才培养的共性认知

学校场域的人才培养是一个由多种因素、多种资源、多种力量投入其中的综合活动，提高人才培养质量的条件、方式和途径涉及诸多方面，对于学校改革而言，凝聚起对人才培养系列问题的共性认识是前提性、基础性的工作，特别是在新时代教育发展的背景下，学校和教师不应该仅仅是埋头拉车的"黄牛"，还应该是主动思考、主动改革的先行者，尤其要通过对政策文件和教育改革导向的理解以及对教育研究结论的梳理把握学校人才培养的新趋势、新规律和新要求。

第一节　教育改革方针政策

现代政府的基本教育职能之一是供给教育政策和作出教育制度安排。我国教育政策学科起步于20世纪80年代，但在此之前，教育政策的实践就已经开始，并为教育政策学的产生奠定了基础。① 从实践的角度看，改革开放以来，中国教育发生了翻天覆地的变化，取得了巨大的成绩，并创造出一系列新的政策理论和实践。这些理论和实践包括教育优先发展理论、受教育权保障理论、学生全面发展理论、现代学校治理理论、政府教育功能理论、教育社会共建理论、教育对外

---

① 孟繁华，等.我国教育政策的范式转换[J].教育研究，2019（3）：136-144.

开放理论、人民中心教育理论。这些理论共同形成了中国特色的教育政策理论体系，具有强烈的实践品格和政策品格，体现出强烈的中国特色、中国风格、中国气派，极大推进了我国教育事业的发展。这些理论和实践的成功，有着鲜明的特色和明显的优势，体现了我国社会主义制度的巨大优越性和旺盛生命力，值得我们长期坚持，不断实践发展，认真总结前行。[①] 对于人才培养而言，几乎所有教育政策都涉及此领域的内容，但是不同时期、不同主题的教育政策通常会关注到人才培养的不同领域，通过对这些方针政策的理解，能够更好地把握学校人才培养的共性要求，明确学校人才培养改革的总体趋势和普遍要求。

一、代表性教育政策对人才培养的论述

社会发展的不同阶段都赋予教育不同的使命，为完成这样的使命，相应的教育政策也会跟进，透过这些政策，不仅能够研判教育变革与发展的基本趋势，也能够为推动人才培养改革提供具有针对性的指导。这里，笔者将梳理近年来一些有代表性的教育政策、文件，以期从中发现国家层面人才培养改革的系列要求。

2010年颁布的《国家中长期教育改革和发展规划纲要（2010—2020年）》（以下简称《纲要》）专门就人才培养模式改革提出了具体要求，强调要更新人才培养观念，创新人才培养模式。《纲要》指出："深化教育体制改革，关键是更新教育观念，核心是改革人才培养体制，目的是提高人才培养水平。树立全面发展观念，努力造就德智体美全面发展的高素质人才。树立人人成才观念，面向全体学生，促进学生成长成才。树立多样化人才观念，尊重个人选择，鼓励个性发展，不拘一格培养人才。树立终身学习观念，为持续发展奠定基础。树立系统培养观念，推进小学、中学、大学有机衔接，教学、科研、实践紧密结合，学校、家庭、社会密切配合，加强学校之间、校企之间、学校与科研机构之间合作以及中外合作等多种联合培养方式，形成体系开放、机制灵活、渠道互通、选择多样的人才培养体制。"《纲要》同时强调，要"适应国家和社会发展需要，遵循教育规律和人才成长规律，深化教育教学改革，创新教育教学方法，探索多种培养

---

① 孙霄兵. 改革开放以来中国特色教育政策理论的发展创新[J]. 国家教育行政学院学报，2019（2）：3-10.

方式，形成各类人才辈出、拔尖创新人才不断涌现的局面"；要"借鉴国际上先进的教育理念和教育经验，促进我国教育改革发展，提升我国教育的国际地位、影响力和竞争力。适应国家经济社会对外开放的要求，培养大批具有国际视野、通晓国际规则、能够参与国际事务与国际竞争的国际化人才"。

2016年，教育部印发《推进共建"一带一路"教育行动》，提出"一带一路"建设的五大重点领域是政策沟通、设施联通、贸易畅通、资金融通、民心相通，倡导通过"一带一路"建设把教育、人才、经济、资源集聚在一起，推动世界各国共建教育共同体，形成人类命运共同体。

2016年，教育部印发《全面推进依法治校实施纲要》，要求"学生管理制度应当以学生为中心，体现公平公正和育人为本的价值理念，尊重和保护学生的人格尊严、基本权利"，形成以学习者为中心的教育环境。教育强调以学生为中心，体现了以人为本、以学生为本的理念。这意味着学生是最为重要的教育主体。办教育要围绕学生进行，一切为了学生、为了一切学生、为了学生一切已经成为教育界的共识。

2017年，教育部发布《中小学德育工作指南》，指出要坚持教育与生产劳动、社会实践相结合，坚持学校教育与家庭教育、社会教育相结合，不断完善中小学德育工作长效机制，全面提高中小学德育工作水平，为中国特色社会主义事业培养合格建设者和可靠接班人。该指南对未来的中小学德育工作提出了四个方面的基本原则："（一）坚持正确方向。加强党对中小学校的领导，全面贯彻党的教育方针，坚持社会主义办学方向，牢牢把握中小学思想政治和德育工作主导权，保证中小学校成为坚持党的领导的坚强阵地。（二）坚持遵循规律。符合中小学生年龄特点、认知规律和教育规律，注重学段衔接和知行统一，强化道德实践、情感培育和行为习惯养成，努力增强德育工作的吸引力、感染力和针对性、实效性。（三）坚持协同配合。发挥学校主导作用，引导家庭、社会增强育人责任意识，提高对学生道德发展、成长成人的重视程度和参与度，形成学校、家庭、社会协调一致的育人合力。（四）坚持常态开展。推进德育工作制度化常态化，创新途径和载体，将中小学德育工作要求贯穿融入到学校各项日常工作中，努力形成一以贯之、久久为功的德育工作长效机制。"

2019年，中共中央、国务院印发《中国教育现代化2035》，明确了2035年中国教育改革发展的主要目标："建成服务全民终身学习的现代教育体系、普及有质量的学前教育、实现优质均衡的义务教育、全面普及高中阶段教育、职业教育服务能力显著提升、高等教育竞争力明显提升、残疾儿童少年享有适合的教育、形成全社会共同参与的教育治理新格局。"为实现这一目标,《中国教育现代化2035》明确了十个方面的战略任务,其中多处提及人才培养的改革问题,如要构建更加开放畅通的人才成长通道;要提升一流人才培养与创新能力;要优化人才培养结构;要利用现代技术加快推动人才培养模式改革,实现规模化教育与个性化培养的有机结合等。这充分说明人才培养已经成为教育变革的核心问题,是一个涉及教育发展方方面面的关键问题。

二、透过教育政策分析形成的人才培养认识

自1950年美国政治科学家拉斯维尔提出"政策科学"概念以来,政策研究便以社会生活中的政策领域,即现实的政策实践、政策系统和政策过程作为研究对象,逐渐形成了相对独特的研究领域。现在,政策研究已成为政治学、经济学、社会学、行政学等学科领域越来越关注的热点问题。[①] 在开展教育研究与实践的过程中,教育政策分析也越来越成为一种广受关注的方法,运用这种方法,通过对上述教育政策文件中对于人才培养相关内容的厘定,可以形成下列对学校人才培养体系建设以及理念、路径改革的共性认识:

其一,从人才培养的认识上看,当前对于高质量人才的培养已经成为整个社会普遍关注的重要问题,几乎所有教育政策和文件都涉及人才培养问题,这充分说明人才培养理念和方式的改革已经成为教育改革的核心问题之一。培养什么样的人以及怎样培养人,这是上至党和国家、政府,下至每一所学校、每一个师生都需要认真思考的重要问题。

其二,从人才培养的路径上看,当前的政策制定充分考虑到人才培养的复杂性,倡导通过系统性的学校变革来保障人才培养质量,这种系统性涉及党的领导、学校管理、课程建设、学校文化等方方面面。尤为值得注意的是,在人才培养路径的变革上,当前的政策特别关注信息技术的充分运用,倡导运用信息技术变革传统的教与学方式,为人才培养插上信息化的翅膀。

---

① 王宁.教育政策分析:主体性价值视角及方法论概述[J].江苏高教,2014(2):21-24.

其三，从人才培养的导向上看，当前的政策特别强调教育的政治属性和人才培养的道德要求。无论是相关的政策文件，还是全国教育大会，都把"为谁培养人"作为教育的根本问题考量，可见，培养德智体美劳全面发展的社会主义合格建设者和接班人是教育应该恪守的准则，也是人才培养的根本价值导向。对于未来人才的培养定位，除了全面发展的要求之外，当下的人才培养还尤其注重学生道德层面的提升，注重将"立德树人"作为教育的根本任务。有研究者通过梳理相关政策认为，我国"立德树人"教育政策不断精细化、具体化、实践化，这启示我们，新时代"立德树人"教育政策设计与践行必须坚持价值导向、与时俱进、以人为本以及全社会的协作共育，才能使"立德树人"教育政策真正根植于心。这意味着不论人才培养如何改革，学生道德领域的成长都应该是首先值得关注的问题。

其四，从人才培养的保障上看，随着教育变革的深入，如何为人才培养提供完善的保障体系，这也是教育政策制定关注的重要领域。除了政策本身带来的引领和保障作用之外，当下的人才培养体系建构还突显了三个领域的保障：通过加强基层党组织建设，为学校人才培养提供政治保障；通过加强教师队伍建设，构建高水平专业化教师队伍，为学校人才培养提供人力资源保障；通过学校与家庭、社会的有机合作，构建科学的学校治理体系，为学校人才培养提供更广阔的资源保障。由于人才培养的系统性和复杂性，只有从各个领域提供完善的保障，才能够确保人才培养体制改革与理念路径创新真正落到实处。

第二节 核心素养框架体系

学校人才培养改革不是孤立的，而是与整个教育改革的大环境、大趋势息息相关，论及当前的基础教育改革，核心素养无疑是最为重要的变革理念与变革方向。通过对核心素养框架体系的分析，同样可以形成对学校人才培养的规律性认识。

一、代表性核心素养框架对人才培养的论述

从本质来看，关注学生的核心素养，就是关注"教育要培养怎样的人"这一根本性问题。什么是学生的核心素养，如何培养学生的核心素养，这是当前全社会都在关注的热点话题，它不仅关系到国家、社会的发展，也关系到千千万万个家庭的未来。对于教育工作者而言，这也是未来事业发展的重要导向，是一个必须清醒认识和细致思考的问题。

从文献来看，虽然"核心素养"这一概念比较新颖，但是其蕴含的思想却由来已久。核心素养概念的演变与人类进步和社会发展密切相关，是社会生产力与生产方式发展变化的产物。从古至今，不同时代的思想家及学者都曾经围绕人应该具备的"核心素养"进行深入而全面的讨论，反映的都是当时社会发展的需求，是当时的人们对"教育应培养什么样的人"这一问题的回答。在古代以农业经济形态为主导的社会背景下，人才的培养重视道德品性；在现代以工业经济形态为主导的社会背景下，人才的培养重视能力本位；而在当代以信息经济、低碳经济等经济形态为主导的社会背景下，人才的培养则需要重视核心素养。强调"核心素养"才是培养能自我实现与促进社会和谐发展的高素质国民与世界公民的基础，它反映了当今时代社会发展的需求。

核心素养为当代世界所普遍重视，是国际组织与各国政府进行教育改革与课程改革时密切关注的热点。虽然国际组织与各国政府在"核心素养"的具体表达方式上存在差异，但其思想是共通的，即都重视培养公民关键的、必要的、重要的素养，并且都强调核心素养的获得是一个持续的、终身的学习过程。对"核心素养"概念的研究，对核心素养与相关概念之间关系的辨析，以及对核心素养概念引领下的课程与教学变革需求的系统分析，可以帮助我们顺应当前联合国教科文组织等国际组织所倡导的教育改革的国际潮流与课程改革的世界发展趋势，[1]在教育改革的大潮中更好地定位和谋划，为实现公平而有质量的教育，提升人才培养质量，促进每一个学生健康幸福成长奠定基础。

全球化、现代化、信息化正在创造一个日益多样化和相互关联的知识经济时代，在机遇与挑战并存的背景下，各国际组织从人才战略的高度相继开展并构建

---

[1] 林崇德.21世纪学生发展核心素养研究[M].北京：北京师范大学出版社，2016：3.

核心素养的指标框架，以期回答"教育要培养什么样的人"这一重要问题。其中，最具国际影响力的经合组织、欧盟和联合国教科文组织分别构建了《成功生活和健全社会的核心素养指标框架》《终身学习核心素养：欧洲参考框架》《全球学习领域框架》三大核心素养指标框架（参见表1-1、表1-2）。各框架设计了详细的核心素养维度和指标，并提出了一些可行的评价手段，对三大国际组织的核心素养框架进行对比分析，对于明确未来社会人才培养的目标和路径具有重要的意义。

表1-1　三大国际组织核心素养指标框架的基本情况

研究机构	经合组织（OECD）	欧盟（EU）	联合国教科文组织（UNESCO）
框架名称	成功生活和健全社会的核心素养指标框架	终身学习核心素养：欧洲参考框架	全球学习领域框架
涉及对象	儿童和成年人	义务教育与培训阶段结束之前的公民和学生	儿童和青少年
研究周期	1997—2004年	2000—2006年	2012—2013年
背景缘起	知识经济时代需要构建新的能力结构	促进欧洲社会的融合与满足知识社会的需求	应对人类未来持续面临的学习危机
构建目标	实现个体成功的生活与社会的功能健全	构建全民终身学习并最具竞争力的经济体	构建理想的学习社会，创造更美好的人类生活

表1-2　三大国际组织核心素养框架的指标分类

方面	维度	指标	指标描述	国际组织		
				OECD	EU	UNESCO
全面发展	品德素养	公民意识	具有行使公民权利的能力，具有道德判断和社会正义伦理的观念，保护权利和利益	√	√	√
		尊重与包容	能够尊重、接纳、理解和关爱他人，具有同情心，能够理解、尊重和包容人与事物的差异性和多样性	√	√	√
		环境意识与可持续发展思维	能够关心、理解自然与生态环境，具有可持续发展的未来观，理解未来社会是建立在生态、经济、社会文化可持续发展基础上的，具有环保与节约精神		√	

续表

方面	维度	指标	指标描述	国际组织		
				OECD	EU	UNESCO
21世纪素养	学习素养	数学素养	能够理解数学概念，运用数学知识和数学思维解决日常生活中的各种问题	√	√	√
		科学素养	具有科学精神，掌握科学知识，运用科学知识，确定问题和作出具有证据的结论	√	√	√
		母语能力	具有通过听、说、读、写等形式，运用母语进行理解、表达、解释、互动等方面的能力，尤其是语言综合运用能力	√	√	
		外语能力	具有有效地运用外语进行交流、阅读和写作的能力	√	√	
		学会学习	具有根据自身需要独立或与小组合作开展和组织自身学习的能力以及方法与机会意识	√	√	
	身心素养	身体健康	具有健康的生活态度、生活方式和行为习惯，保持身体健康发展；具有安全意识，爱护自己			√
		心理健康（自我管理）	自尊自爱，积极主动，能够恰当地管理自己的情绪和行为，养成自律、自省的习惯；能够坚强面对挫折，具有积极的情感体验	√	√	
	审美素养	审美素养	能欣赏与享受艺术作品及表演，并借助于个人天赋相一致的手段来表现自己的艺术才华，愿意通过艺术上的自我表达和对文化生活的持续兴趣来培养审美能力		√	√
	非认知品质	沟通与交流能力	能够有效地与他人进行沟通与交流，与他人建立良好的关系	√	√	
		团队合作能力	能够通过团队合作完成共同目标，能够有效地管理与解决冲突	√	√	
		国际意识与全球化思维	能够积极理解和欣赏世界各地的历史文化；能够以开放的、多维的思维方式看待世界，具有全球视野		√	
	认知品质	问题解决能力	能够合理地思考和分析问题，有效地按照问题解决步骤处理和解决问题	√	√	
		计划、组织与实施能力	在复杂的大环境中，能够基于目标进行规划与组织，并严格执行	√	√	

续表

方面	维度	指标	指标描述	国际组织		
				OECD	EU	UNESCO
		批判性思维	能够对各种问题、现象等进行反思和质疑，发现问题所在，具有批判精神和批判技能	√	√	√
		创新素养	具有主动进取的探索精神和好奇心，能够提出和实施新的想法，具有创新和冒险精神	√	√	√
		信息素养	具有运用信息通信技术有效地获取信息、分析评估信息、应用信息等方面的能力；遵循信息获取和使用的道德或法律规范	√	√	√

二、核心素养框架体系透射的人才培养原则

学校人才的培养不是随机的、任意的，必须有着合理的规划和设计，必须遵循一定的原则和规范。依托上述三大世界组织的核心素养框架体系，结合我国学生核心素养体系的提出，我们认为，从核心素养培育的角度看，我国中小学人才培养应该坚持以下几个方面的基本原则：

其一，人才培养要贯彻全面发展的原则。学校中的人才培养要考虑人的全面发展，上述三大核心素养指标框架都强调核心素养是个体在生活上取得成功应该具备的关键素养，指向个体的全面发展，囊括了德智体美劳等方面的各项素养和能力，并不过分强调某一方面而忽略另一方面。尤其是在品德方面，三大国际组织的核心素养指标框架都从个人修养、社会责任等方面提出要求。虽然指标的名称有所不同，但内涵基本一致，如公民意识、尊重与包容、数学素养、科学素养、母语能力和心理健康等指标。可见，关注人的全面发展是核心素养培育的一致追求，也应该是未来学校人才培养必须坚持的重要原则。

其二，人才培养要贯彻与时俱进的原则。学校中的人才培养是历史的、现实的，与整个社会发展息息相关，这也就意味着人才培养在目标的设计上应该与时俱进，要主动适应21世纪社会发展的需求。在全球化、信息化时代背景下，回应时代发展的要求，关注适应未来社会发展的具有前瞻性的学生核心素养也成为三大国际组织指标框架的共同特点。虽然指标的名称有所不同，但内涵是一致的，如沟通与交流能力、团队合作能力、问题解决能力、批判性思维、创新素养和信

息素养等。以批判性思维为例，它在 OECD 的指标框架中作为核心思想得到贯穿，在 EU 的指标框架中体现为"学会学习"，而在 UNESCO 的指标框架中，则从属于学习方法与认知维度。可见，学校必须主动了解和对接新时代社会发展对人才培养的新要求，构建更为科学的人才培养目标，探索更为有效的人才培养路径。

其三，人才培养要贯彻终身学习的理念。"素养的界定与遴选：理论和概念基础"（即 DeSeCo）项目强调各项核心素养需要在学校培养，并且持续发展，贯穿人的一生。EU 的核心素养报告的名称就是《终身学习核心素养：欧洲参考框架》，可见终身学习的思想渗透于整个指标框架。《终身学习核心素养：欧洲参考框架》报告特别强调核心素养的获得需要通过正式学习和非正式学习两种途径，不能仅依赖于正式学习，"学会学习"可以支持个体所有的学习活动。UNESCO 更是一直强调教育的使命就是使人学会学习，使学习成为每个学生的课题和全体社会成员借以发展的"内在财富"。终身学习也成为 UNESCO 核心素养指标框架构建的指导思想。① 因此，要实现核心素养的培养，必须构建完善的终身学习体系，这也就意味着，核心素养导向的课程与教学变革，将是一场从理念到行动的系统变革。从这个角度出发，未来学校的人才培养要特别注重学生学习能力的提升，赋予学生主动学习的能力。

其四，人才培养要贯彻多方合作的原则。家庭是学生生活的主阵营，学校是学生学习的主阵营，社会是学生实践的主阵营，家庭、学校和社会是学生生活、学习、实践的三大主战场，对义务教育阶段的学生而言亦是如此，核心素养的养成离不开这三大主战场。三大主战场不仅是学生核心素养获得的来源地，而且也是学生已有核心素养的检验场，只有通过检验并且"合格"的素养才是真实有效的核心素养。这意味着学校要培养合格的人才，既要以学校教育为主要手段，又要充分调动家庭和社会的力量，形成完善的育人体系。

---

① 张娜. 三大国际组织核心素养指标框架分析与启示［J］. 教育测量与评价，2017（7）：18-22.

第三节　相关研究文献梳理

针对一个研究主题，人们往往从不同研究视角或基于不同理论加以探讨，这也促使相关研究领域逐渐形成丰富的知识体系。因此，每一位研究者在针对一个研究主题开展一项新的研究时，往往需要收集、整理大量以往研究文献，并分析、综合与新研究相关的信息，为提出新问题作准备，[①]通过这种方法能够在较短时间内较高效率地了解某一领域过去某一时期的研究成果，为后续研究和实践的开展提供支持。近年来，人才培养的相关研究占据了教育研究的重要组成部分，这些研究虽然主要集中于高等教育领域和政策分析领域，但是其形成的相关结论依然对基础教育学校构建个性化的育人理念与路径有重要的指导和借鉴意义。

一、代表性研究文献对人才培养的论述

正如前文所述，对于人才培养的讨论占据了教育研究特别是高等教育研究的重要组成部分，这些研究涵盖了对人才培养理念的讨论、模式的建构、路径的创新等，对于中小学而言，最具有借鉴意义的是对人才培养内涵的阐释和要素的分析，从而厘清对人才培养的基本认知，形成改革创新的基本思路。

关于教育领域人才培养内涵的阐释，代表性的说法或者研究成果如下：第一，将人才培养视作一种结构，认为人才培养是学校为学生构建的知识、能力、素质结构，以及实现组合这种结构的方式，是教育各要素如课程、教学、评价等的结合，是一个动态的、强调运行过程的结构；第二，将人才培养视作一种系统，强调人才培养模式"是为实现人才培养目标而把与之有关的若干要素加以有机组合而成的一种相互联系、相互制约、相互作用的系统结构"；第三，将人才培养视作一种规范，认为人才培养模式是"指一定的教育机构或教育工作者群体普遍认同和遵从的关于人才培养活动的实践规范和操作样式"；第四，将人才培养作为一种具体的活动，认为人才培养模式是培养活动或教育教学活动的样式和运行方

---

① 姚计海．"文献法"是研究方法吗——兼谈研究整合法［J］.国家教育行政学院学报，2017（7）：89-94.

式,至于是何种样式和运行方式,则表述各异,如有人认为是"教育教学活动的组织样式和运行方式",有人强调是"人才培养活动结构样式和运行机制",有人提出是"人才培养活动的结构框架和活动程序",还有人认为是"为实现培养目标所设计形成的某种标准构造样式和运行方式";第五,将人才培养视作一种过程,认为人才培养模式是"按照特定的培养目标和人才规格,以相对稳定的课程体系和良好的成长环境,实施人才培养的过程的总和";第六,将人才培养视作不同要素的组合,提出人才培养模式是若干培养要素的组合及这种组合的运作形式,对于培养要素的构成,则有不同观点,如有人认为"是培养目标、教育制度、培养方案、教学过程诸要素的组合",也有人提出是培养目标、培养内容、培养方式等诸要素的组合。

在人才培养的相关研究中,如何构建合理的人才培养模式一直是研究的重点,而在这一研究过程中,人才培养模式的要素又是研究的热点。这一领域具有代表性的观点如下:

其一,三要素说。有人认为三要素包括"目的要素、内容要素、方法要素";有人提出包括"培养目标、培养规格和培养方式";也有人强调包括"培养目标、课程和教学"。

其二,四要素说。持这一观点的学者较多,但对于要素的构成,则众说纷纭。有人认为包括"培养目标、培养规格、培养过程和教育评价";有人提出包括"培养目标、培养过程、培养制度、培养评价";有人主张包括"教育理念、培养过程、培养制度和质量评价";有人强调包括"教育目的、教育内容、培养方式、培养评价";还有人认为包括"教育观念、培养目标、培养规格、培养方式"。

其三,五要素说。有人认为包括"教育思想与教学观念、培养目标、专业设置、课程体系、培养方式";也有人提出包括"培养目标、教学运行和组织机制、课程结构、专业设置、培养途径"。

其四,六要素说。有人认为包括"导向性要素培养目标、实质性要素课程体系、评价性要素教学方法、组织性要素教学形式、调控与制约性要素教育教学的运行机制、补充性要素非教学培养途径";有人提出包括"教育思想、目标指向、教育和教学计划、内容和方式、教育和教学方法与手段、管理制度和运行机制";还有人认为包括"教师教书育人能力、专业教学条件与设施、实践教学环节、校园文化、学生主体地位及学生培养质量评价考核制度"。

其五，七要素说。即认为是"专业设置模式、课程体系状态、知识发展方式、教学计划模式、教学组织形式、非教学或跨教学培养形式和淘汰模式"。

其六，八要素说。即认为包括"培养目标、选拔制度、专业结构、课程结构与学科设置、教学制度、教学模式、校园文化、日常教学管理"。[①]

二、通过文献梳理形成的人才培养认识

通过对上述文献的梳理，至少可以形成三个方面的重要认识：其一，人才培养是一个递进式的体系，不同阶段的教育在人才培养过程中承担着不同的任务，尽管当下的人才培养改革更多关注的是高等教育体系，但是中小学也应该着力思考自己在人才培养改革中应有的价值和作用；其二，人才培养是一个复杂的体系，涉及学校教育管理的方方面面，要推动人才培养的改革创新不是一蹴而就的，而是需要着眼学校整体变革，构筑完善的人才培养体系；其三，人才培养是一个立足于课堂教学的体系，不论从哪种角度理解人才培养的内涵和结构，不论从哪种角度进行人才培养模式和路径的创新，课堂教学都是无法回避的重点领域，高校也好，中小学也好，都应该把课堂教学作为人才培养改革的主阵地，通过课堂教学理念与方式的持续变革提升人才培养质量。

---

① 王晓辉.一流大学个性化人才培养模式研究[D].武汉：华中师范大学，2014：8-26.

第二章　对新时代学校人才培养的个性思考

学校是人才培养的关键机构，也是最基本的组织。任何宏观层面关于人才培养的顶层设计，最终都需要通过学校教育来达成。在学校办学的过程中，我们应该期待的是百花齐放的局面，通过学校教育培养既符合时代发展和民族振兴需要的人才，也培养具有区域特质和学校特色的人才。这就意味着，学校在教育改革和发展的过程中，在思考人才培养的问题时，除了要对人才培养的共性有准确的把握之外，还应该对学校自身特点、办学定位、师生特点有细致的了解，并在这种共性与个性的有机融合中形成自己在人才培养上的独特思考和个性化实践。

第一节　学校独特办学理念

也许是受到科学管理理论的影响，当前，办学理念不仅越来越成为各级各类学校管理者和教育行政部门经常使用的术语，也在很长一段时间内成为教育科学研究的热门。应该说，学校的办学理念与人才培养定位有着密切的联系，能够为人才培养提供具体的方向指导，因此，要考虑学校的人才培养问题，必须从学校的办学理念和办学追求出发，进行合理的思考和设计。

一、学校办学理念及其教育价值

概括地说，理念，即理想和信念。办学理念，即学校的教育理想和教育信念。具体而言，理念，即概念、观点、观念或思想及其价值追求的集合体，就是一整套概念体系或观念体系。办学理念，即学校发展中的一系列教育观念、教育思想及其教育价值追求的集合体，是学校自主建构起来的学校教育哲学。[1]

办学理念不同于学校的办学模式、教学模式，也与学校的校训、办学特色等概念存在明显的区别，办学理念集中回答了学生是什么、教师是什么、教学是什么以及学校是什么等学校教育改革与发展的核心问题。

办学理念对学校变革的重要性不言而喻。早在20世纪90年代，就有学者主张"走向理念办学"，认为学校不能拘泥于陈旧的管理模式和满足于短期的规模效益，而应确立一个全新的办学理念来指导办学活动和规范办学行为。由于这种主张明确指出学校发展不能只凭经验和依靠行政指令而是要建立在先进的办学理念基础之上，因此逐渐得到学校的广泛响应和积极支持。此后，中小学特别重视办学理念的提炼和理念创新先导作用的发挥，纷纷通过创新办学理念来指导学校的变革，大大推进了学校的发展。理念创新已成为学校走向成功的标志。[2]

总之，学校的办学理念对于学校、师生、学校管理者和家长等都具有鲜明的价值和意义。对于学校而言，办学理念是学校最鲜明的特征和符号，是学校"办什么学""为谁办学"以及"如何办学"三个根本性问题的集中阐释和个性化表达，也是实现学校发展的精神引领力量；对于师生而言，办学理念是学校文化的重要组成部分，有一种价值引领和行为约束功能，能够让师生明确自己在学校中"应该干什么""能够干什么"，在激发师生学校认同感的同时也为师生的教与学行为提供指引；对于学校管理者而言，学校办学理念是其办学思想的集中体现，能否根据学校实际设计和提出合理的办学理念，是学校管理者治校水平和专业能力的集中体现，教育领域时常讲"一个好校长就是一所好学校"，而校长要真正打造一所好学校，必然要从确定合理的办学理念入手；对于家长而言，家长是学校办学过程中的合作伙伴，是参与学校管理的重要力量，也是学校发展的重要见

---

[1] 郭元祥.论学校的办学理念[J].教育科学论坛，2006（4）：2.
[2] 陈如平.以理念创新引领学校变革[J].人民教育，2007（21）：14-17.

证人，[①] 而要让家长真正参与和支持学校发展，就必须树立起家长对学校办学的内在认同，办学理念的设计和传播，恰恰能够让家长更好地理解学校、认识学校，进而更好地参与和支持学校的改革发展。因此，办学理念具有多维度的价值，不论是人才培养目标的设计，还是学校的综合改革与发展，都需要尊重办学理念，都需要体现办学理念，都应该成为办学理念的实现载体。

二、基于办学理念的人才培养思考

如何体现和生成学校的办学理念，当前已有的研究成果可谓灿若繁星，不胜枚举，本书关注的重点不在于如何生成办学理念，而在于如何彰显和落实办学理念。应该说，任何一所有志于实现优质发展的学校，都应该提炼生成自己个性化的办学理念，笔者所在的学校亦是如此。

在系统分析学校办学历史与现实的基础上，我们借用陈鹤琴先生的名言——一切为了儿童，作为学校的办学理念。教育是塑造儿童美好生活的主要途径，[②]如何通过改革，让教育与儿童的美好生活相契合，让以人为本的理念在学校教育中真正得到落实，这是任何学校都必须认真思考的问题。在我们看来，"一切为了儿童"这一办学理念，彰显了学校教育的儿童立场，顺应了当下教育对儿童美好生活的关切，也体现了学校一以贯之的办学追求，这一理念虽然言简意赅，却意蕴深远。

在我们看来，"一切为了儿童"的办学理念，可以从以下三个维度进行阐述：

第一，每个孩子都是宝贵资源，教育要善于发现与开发。对学校而言，最重要的资源就是学生，而如何开发这些资源，如何让这些资源得到可持续的发展是学校需要认真思考的问题。我们认为，每一个孩子来到学校，学校都会视其为宝贵资源，并根据每一个学生的特点进行个性化的培养，这些培养，既包括学科知识的获得，学科素养的积淀，也包括各方面能力和素质的提升，要通过系统的教育和培养，让这些资源得到最大化的发展。

[①] 卢惠斌.教育：在三维向度上获得最大可能的发展——关于办学理念的终极价值定位与思考[J].江苏教育，2008（9）：34-35.
[②] 周霖，卜庆刚.为了儿童美好生活的教育——第二届批判教育学国际学术研讨会综述[J].教育研究，2018（8）：158-159.

第二，每个孩子都具有不同的潜能，教育应发展学生的个性。根据加德纳的多元智能理论，每一个孩子天然存在个性差异，也天然存在不同潜能，教育的使命就是要发现、激发学生的潜能并加以培养。我们认为，不同学生的个体差异就是未来发展的不同方向，我们要给学生提供尽可能多的选择和展示的机会与平台，让他们的潜能得到充分的发挥。在人才培养的过程中，要充分尊重每个孩子的特点，充分发挥不同学科、不同课程、不同活动的教育价值，让学生在尽可能多的课程选择中充分释放自己的潜能，实现个性化的成长。

第三，小学阶段是儿童创造力的高峰时期，教育要点燃创造的火花。现代教育，对创造力的培养十分重视，对学校教育而言，培养学生的创新精神和实践能力更是素质教育的要求。小学生处于成长的发展期，思维非常活跃，小学阶段正是培养他们创新精神的重要时期，因此，小学阶段应注重树立起正确的人才培养定位，这种定位必然包含多方面的能力和素养。

值得一提的是，办学理念不等同于办学行为，也不等同于办学质量、办学成效，更不能直接与人才培养画上等号。如果缺少彰显和落实的载体，无论多么科学合理的办学理念最终都可能只是理想的"乌托邦"。由此，实现用办学理念引领学校变革与发展，最为根本的是寻找办学理念的现实载体，通过实实在在的教育教学改革和行为，使得办学理念逐渐从理想转化为现实。基于学校的办学理念，我们将"现代小公民，创新小能手"作为学校的培养目标，这一目标虽然只有短短十个字，但却包含了丰富的内容：因为要培养真正能够立足未来社会的现代公民，我们必须赋予学生足够的知识储备，激发学生良好的互助合作能力，让学生学会学习，学会沟通与表达，这是未来公民的必备素质，也是培养创新人才所必须具备的基础。

第二节　学校公民教育特色

打造办学特色，追求特色发展，是当前国际国内教育改革的重要趋势，也是重要的国家战略。有研究指出，我国的学校发展战略经历了"重点化发展""均衡化发展""特色化发展"三个阶段，其中，"特色化发展"，是国家或地区对所管辖学校如何发展作出的战略安排,① 能否实现特色化办学,不仅关系到学校自身发展和人才培养质量,也关系到整个教育变革的成效。学校办学特色的打造有其相应的内涵和价值追求,一所有办学特色的学校,通常具有以下特征:学校具有先进的办学理念、鲜明的办学宗旨、优良的办学传统和深厚的文化底蕴;在学校建设、管理体制、课程建设、队伍建设、学校文化等方面形成特色体系;学校注重学科教学,具有创新的特色教育教学体系、教学模式和运行机制;学校特色教育工作在学校发展规划和学年度教育教学计划中有充分体现,相关特色教育教学工作覆盖面广,学生普遍参与并受益,有一定比例的学生取得优异成绩。② 正是基于对办学特色或特色办学重要性的理解,不论是国家层面的教育政策制定,还是学校个性化的发展规划,都会将办学特色作为重要的追求。

一、作为办学特色的小公民教育

对于学校办学特色的追求,需要植根于教育改革发展的宏观背景。在以人为本的当代中国,教育的最终目的,或者说教育的全部目的都直接指向人,人的幸福生活是教育理所当然的追求:"从最美好和最深刻的意义上说,所有的教育都应当是幸福教育。"③ 然而,教育要赋予人的幸福,不是抽象的、被动的幸福,而应该是具体的、主动的幸福,应该体现在赋予人追求幸福的能力之上。从这个意义上说,任何教育的首要目的都是使人真正成为人,推动人更好地融入社会,体现价值。也正是基于这样的认识,公民教育逐渐成为当代教育体系中颇受关注的命题。

教育的本质是促进儿童从自然人成长为社会人,但显然在这个过程中,儿童所受到的关注与呵护往往侧重于知识教育,缺乏作为公民所必需的品质。因此,我们积极践行"立德树人"是教育的根本任务,于1997年提出和实践以培养学生成为"创新小能手,现代小公民"为目标的"小公民教育",并坚持至今。

---

① 邬志辉.学校特色化发展的重新认识[J].教育科学研究,2011(13):26-29.
② 范涌峰.学校特色发展测评模型研究[D].重庆:西南大学,2017:17.
③ 孟建伟.教育与幸福——关于幸福教育的哲学思考[J].教育研究,2010(2):33-36.

在将公民教育打造成学校办学特色的过程中，我们没有完全移植西方的公民教育思想，而是立足于中国土地，打造具有中国特色的"小公民教育"，突显学生的家国情怀和综合素质。我们认为，应赋予"小公民教育"中国内涵：一是立足中国传统文化，从传统文化中汲取养分，提升学生对本国文化的认同感；二是立足中国现实需要，加强学生社会担当的责任感，使其成为"有中国根基的现代公民"。"小公民教育"应符合儿童特点和教育规律。儿童从自然人成长为社会人的过程即"公民性"的成长过程。学校开展"小公民教育"的核心任务是助推其"公民性"的成长。儿童由潜在的公民成长为合格的公民或理想的公民，最主要特征就是有社会责任和担当。因此，"中国小公民教育"是以"核心素养"为主要内容，以培养儿童具有建设社会主义的责任和担当为主要目标，并且适合儿童心理特点的教育。

围绕"小公民教育"办学特色，我们进行了一系列尝试和探索：

其一，设计"小公民教育"的课程目标。我们认为，青少年是未来社会的基本组成，未来社会对公民的要求，就是我们在现今的学校教育中需要达成的目标。近年来，教育部、上海市教委出台的一系列文件对"核心素养"予以了高度的关注。学生发展核心素养，主要指学生应具备的，能够适应终身发展和社会发展需要的必备品格和关键能力。学生发展的核心素养其实就是对未来社会需要的公民的描述，基于这样的思考，我们最终确立"小公民教育"要培养具备"六要"（要好奇、要梦想、要合群、要感恩、要关爱、要自信）和"六会"（会健体、会生存、会发现、会欣赏、会表达、会合作）的人。

其二，构建"小公民教育"的课程内容。课程是落实"小公民教育"的主渠道。"小公民教育"课程是学生在学校中获得的有助于公民身份认同的教育经验的综合。为了实现"六要并举、六会共生"的培养目标，需要有相应的课程内容予以支撑。"小公民教育"课程既需要保证国家课程的落地，又需要根据儿童的年龄特征进行相应的课程配置。因此，我们横向贯通"五指课程+"，纵向跨越五个年级，设计了"现代小公民十项素养体验课程"和"现代小公民全学科活动"，搭建了一横一纵的"小公民教育"课程框架。其中，"五指课程+"是传承陈鹤琴先生提出的"五指活动"而创建的健康课程、社会课程、科学课程、艺术课程、阅读课程，涵盖了国家课程和学校开发的近80门可供学生选择的校本课程（参见图2-1）。这些课程在"小公民教育"中的定位偏重公民教育的知识与技能层面。

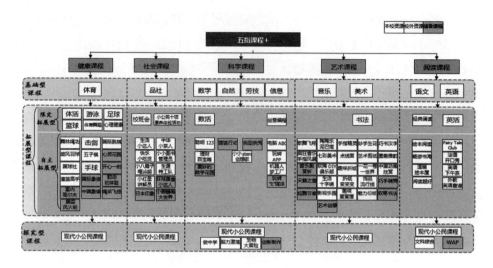

图 2-1 "五指课程+"结构图

"素养体验课程"与"全学科活动"偏重公民教育的道德意识与价值观层面。小学阶段，学生对公民素养的体验处于初级阶段，既是全方位的又是综合性的。因此，我们依据学校"小公民教育"的培养目标，对"五指课程+"进行补充，选取安全小卫士、合作小拍档等10个主题内容作为"现代小公民十项素养体验课程"（参见图2-2），每学期一项，分五年实施，使学生在小学阶段对这十项课程实现全经历。

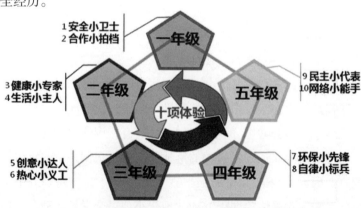

图 2-2 "现代小公民十项素养体验课程"结构图

价值观是公民品质的基础与核心，爱国、敬业、诚信和友善是社会主义核心价值观中对个人层面的要求，是"小公民教育"应该关注和培养的重要方面。"全学科活动"包含四个主题，分五年实施，即中国小公民爱祖国之"中国印象"、中国小公民爱祖国之"最炫民族风"、中国小公民与世界之"You & Me @ The World"、现代中国小公民与未来中国小公民，其中前三个主题已经开发并实施。通过这类全学科活动的设计与实施，重点关注学生核心价值准则的培育和确立。与"素养体验课程"分学科的课程式推进有所不同，"全学科活动"是将各学科的内容综合在一起，围绕不同的主题来组织，它的逻辑体系不是学科，而是根据活动主题所涵盖的各项内容进行分类，如"中国印象"分为"人文、科技、艺术、体育"四大板块，"人文"这一板块下又可分为"旅行、美食、礼仪、戏剧历史"等不同的小主题。这样的活动组织方式打破了学科之间的隔阂，让更加丰富的活动内容与更加精彩的活动形式共同服务于同一个核心价值准则。

其三，探索"小公民教育"的课程实施路径。我们认为，只有符合儿童天性的课程实施路径，才能让儿童更好地参与。课程内容的设计与思考能够进行具体操作的标志就是形成课程方案。一个课程方案的制定，需要经历如图 2-3 所展示的流程。这样的课程实施方式的显著特征就是"师生联动"，给予儿童充分参与的机会，最大限度地让儿童参与课程实施的全过程。

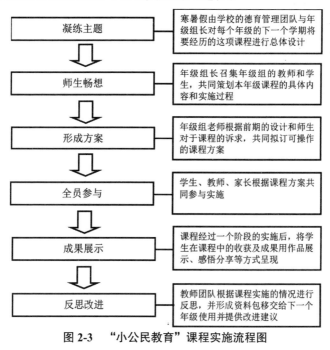

图 2-3 "小公民教育"课程实施流程图

"小公民教育"实施多年以来，已经成为学校最为显著的办学特色和名片，在诸多领域取得了鲜明的实施成效。首先，促进了学生成长。随着"小公民教育"的开展，学生在自我管理、自主发展方面的能力明显提高。近五年，参与市级及以上各类科技、艺术、体育等比赛并获奖的学生达到 430 人次，占学生总数的 46%；参与党的二大会址等红色基地义务讲解、法治宣传、敬老服务等各类社会志愿服务的学生多达 666 人次，占学生总数的 72%，其中获得各类志愿者证书的达 102 人次。"小公民自治委员会"于 2016 年荣获"小公民"创新公益项目征集活动全国优秀组织奖等。其次，促进了教师发展。教师在课程的开发与实施中人人参与，在开发课程、教学方式、评价研究等各领域均有提升。最后，提升了学校知名度。"小公民教育"在业内得到广泛认知，学校代表曾赴京向团中央汇报此项实践，并多次接受团中央、团市委实地视察。五年内学校获得各类集体奖项及荣誉共计 33 项，出席各类学术会议并进行主旨演讲达 17 人次，在市级以上期刊发表与小公民教育相关的论文及教学案例 49 篇。"小公民教育"课程展示活动由上海市教委组织向全市项目学校展示，参与各类课程建设与实施的家长及社会人士多达 1000 人次；得到国务院新闻办公室官网、英国广播公司 BBC 等全球 61 家媒体报道；收到加拿大、英国、阿根廷等多国驻沪领事发来的祝贺视频。

二、"小公民教育"与人才培养的内在契合

随着时代的发展，我们认为当代公民必须具有四种身份，每个人不仅要成为个人公民，更应该成为国家公民（民族公民）、社会公民和世界公民。从这一理解出发，我们对小公民教育的培养目标进行了科学设计，形成了"六会"和"六要"的培养目标体系，这一方面是建构小公民教育课程与评价的基本导向，另一方面也体现了我们对新时代人才培养在目标导向、价值导向上一以贯之的思考与探索。

（一）"六要"并举

所谓"六要"，主要是指以下六个方面小公民的基本素养，这些素养主要关注学生的内心世界和思维方式：

1. 要好奇

维特根斯坦是大哲学家穆尔的学生，有一天，罗素问穆尔："谁是你最好的

学生?"穆尔毫不犹豫地说:"维特根斯坦。""为什么?""因为在我的所有学生中,只有他一个人在听我的课时,老是露出迷茫的神色,老是有一大堆问题。"罗素也是个大哲学家,后来维特根斯坦的名气超过了他。有人问:"罗素为什么落伍了?"维特根斯坦说:"因为他没有问题了。"这个故事表明好奇心在学习和个人成长过程中的重要意义。好奇是个体遇到新奇事物或处在新的外界条件下所产生的注意、操作、提问的心理倾向。好奇心是个体学习的内在动机及寻求知识的动力,是创造性人才具有的重要特征。对于小公民教育而言,要好奇就是让小学生对世界充满兴趣,激发他们探寻未来世界的积极性和主动性。在我们看来,好奇是培养兴趣的第一步,也是学生个性化发展的重要基础和前提。对于小学生而言,获得知识固然重要,但培养兴趣,让他们主动学习更是根本。

2. 要梦想

梦想,即梦中怀想,指在未来想实现的事或达到的境况。在历史的长河中,各行各业的人都有着自己的梦想,航天员有着翱翔于蓝天的梦想;军人有着厮杀战场的梦想,任何一个现实的人,都有自己的梦想。梦想是人的希冀,它引领人奋发进取,踏平坎坷,品味成功。教育事业为每一位教育者和受教育者都提供了梦想的舞台,天高任鸟飞,海阔凭鱼跃,欣逢盛世,当有所作为。苏霍姆林斯基说,教育的最高境界,就是使每个人确立崇高的生活目的。"小公民教育"注重培养和保护学生的梦想,让他们对未来充满向往。在"小公民教育"的视野里,梦想是行动的指明灯,心中有梦,向往美好的生活,才会用行动去实现它。马卡连柯提出的著名"前景教育"原则,就是要让学生有梦想。让学生敢于有梦,勇于追梦,最终圆梦,是"小公民教育"的重要目标。

3. 要合群

合群,是一种愿意与他人乃至群体在一起的倾向。对于小学生而言,合群是友谊、爱情、参加群体生活的基础,也具有非常重要的教育学和心理学意义。英国心理学家威廉·麦独孤认为,合群是一种本能。心理学家默里则认为,合群是一种需要,他利用主题统觉测验给合群需要判分。大量研究表明,在合群需要上得分高的人倾向于自认为是热情的、好心的、助人的、忠实的、慷慨的。"小公民教育"中培养学生要合群,旨在学生集体荣誉感的培养,希望学生对集体充满热爱。从"小公民教育"的最终目标而言,就是培养学生融入社会的各种素养，而融入社会的前提是学会与他人交往，学会融入和关心集体。合群的另一层含义是合作精神，合作精神是现代社会作为公民必须具有的基本精神，也是社会文明进步的表现，理所当然应该成为"小公民教育"的目标。对于小学生而言，要培养他们的集体意识和集体荣誉感，让他们感受到集体的责任和集体的爱，在与他人的互动中不断成长，不断培养公民素养。

4. 要感恩

"感恩"是个舶来词，牛津词典给的定义是："乐于把得到好处的感激呈现出来且回馈他人。"感恩是一种处世哲学，是生活中的大智慧。感恩是一种对恩惠心存感激的表示，是每一个不忘他人恩情的人萦绕心间的情感。学会感恩，是为了擦亮蒙尘的心灵而不致麻木；学会感恩，是为了将无以为报的点滴付出永铭于心。感恩，是教育无法回避的命题，当今时代形式各异的社会问题实际上显示了教育之中感恩的缺失。"小公民教育"将感恩纳入教育的目标体系，主要是培养学生对师长的感情，理解师长为自己成长付出的艰辛劳动。几乎可以肯定的是，一个没有感恩之情的学生，是难以融入社会，难以真心履行所应承担的社会责任的。在"小公民教育"的视野下，社会文明的重要标志之一就是感恩，如果每个人都学会感恩，那么这个社会就是一个充满爱的社会。

5. 要关爱

关爱，意为关心爱护，关爱也许是世间最温暖的语言。关爱是一个眼神，给人无声的祝福。关爱是一缕春风，给人身心的舒畅。关爱是一句问候，给人春天的温暖。关爱是一场春雨，给人心田的滋润。关爱是一个微笑，给人亲切的关怀。关爱是一湾清泉，给人心灵的洗涤。对于教育而言，培养关爱之心也是无法回避的重要命题。美国著名教育哲学家诺丁斯在其代表作《学会关心——教育的另一种模式》中提出，培养"有能力、关心人、爱人，也值得人爱的人"应该成为教育的目标。对于"小公民教育"而言，培养学生对他人充满爱心，是一项极为重要的命题，因为在人与人关系错综复杂的现代社会，学会关心已经越来越需要在学校教育中培育。培育小学生关心他人的意识，让他们知道关心别人就是关心自己的道理，是"小公民教育"的应有之义。

6. 要自信

"自信"是一个心理学名词。自信心是日常生活中常常谈起的一个概念，而在心理学中，与自信心最接近的是班杜拉在社会学习理论中提出的"自我效能感"

概念。自我效能感，指个体对自身成功应对特定情境的能力的估价。班杜拉认为，自我效能感关心的不是某人具有什么技能，而是个体用其拥有的技能能够做些什么。对于小学生而言，自信心是其更好地融入社会、实现个人成长的必要前提和基础。一个孩子只要有了自信心，就一定能感受到：成长是幸福的，不断更新自我是幸福的，学习是幸福的。唤醒孩子的自信心应当是教育的根本目标，从这个意义上说，教育就是唤醒自信心。鉴于此，"小公民教育"的重要任务是培养学生的自信心，对自己的学习和生活充满自信。在"小公民教育"的视野下，自信是一个合格公民的基本素质，一个人要想取得成功，要想有所成就，自信是第一位的。鉴于此，"小公民教育"要培养小学生自信的精神，让他们对自己充满信心。

（二）"六会"共生

所谓"六会"，主要是指以下六个方面小公民的基本素养，这些素养主要关注学生的外在世界和行为方式。

1. 会健体

身体健康是每一个人享受社会权利、履行社会义务的基础，没有健康的体魄，学生在学校中的任何发展都将失去意义。在当下的基础教育体系中，学生的身心健康问题日益突出，但却往往难以受到应有的重视。可喜的是，这一问题已经迎来了转机，在"绿色指标"等理念的指引下，学生的身心健康指数成为评价学生的一个重要指标。在这样的背景下，"小公民教育"将会健体列为目标体系的重要组成部分，致力于让学生养成健康运动习惯。在"小公民教育"的视野中，健康的习惯可以让一个人受益终身。对于小学教育而言，就是要让小学生学会健体，养成良好的运动习惯，同时，运动习惯培养过程也是一个人意志力和拼搏精神的培养过程。

2. 会生存

生存，是自然界一切存在的事物保持其存在及发展变化的总称。自联合国教科文组织《学会生存：教育世界的今天和明天》一书出版以来，学会生存成为教育领域越来越炙手可热的命题。该书认为，学会学习、学会生活、学会做事、学会生存，是教育的四个支柱。在这四个支柱中，核心是学会生存。国际教育委员会前主席埃德加·富尔认为，唯有全面的终身教育才能够培养完善的人，人们再不能一劳永逸地获取知识了，而需要终身学习如何去建立一个不断演进的知识体系——学会生存。在我们看来，学会生存具有两种意义，其一是物质生存，其二是精神生存。物质生存主要指向维系生命的各种能力与资源，精神生存则主要指向人的价值观、思维方式等。物质生存是精神生存的基础，对于"小公民教育"而言，关注学生生存能力的培养，首要是提升学生的物质生存能力，即培养学生自理自护能力。英国教育家斯宾塞认为，关于生存的课程是每一个学生都必须掌握的基本课程。对于小学生而言，培养他们良好的自我保护意识、基本的自理能力非常重要，而对于未来的合格公民来讲，生存能力是第一位的，是基本的能力。

3. 会发现

当代学校教育的最终目标，不是培养鹦鹉学舌的模仿者，而是培养具有独立思维能力的创造者，对于学生来说，学会发现问题，形成探索意识，是提升思维创造能力的基础。正如爱因斯坦所言："学校的目标应是培养独立思考和独立工作的人。"独立思考是有所发现、有所突破、有所创新的前提。在教育的过程中，教师要引导学生培养独立思考的习惯，要创设情境，教会学生独立思考。对于"小公民教育"而言，我们要充分认识到小学生所具有的思维潜质和创造力，引导他们形成科学的探索精神。在"小公民教育"的视野下，当一个人会发现真问题的时候，相信他应该具有了基本的科学探索精神。在现代社会中，创新精神已经越来越成为一种基本能力，成为一个人在这个社会立足的核心竞争力。

4. 会欣赏

20世纪90年代以来，在我国各级教育体系中加强人文素养、培养学生人文精神的教育思想越来越受到人们的重视。人文素养教育是通过优秀的人文文化实现的，而优秀的人文文化则是在历史的长河中通过不断的积累、提炼和升华逐渐形成并随着人类社会的发展而发展的。当今时代，以优秀的人文文化来武装学生的头脑、陶冶学生的身心具有重要的意义和作用。毋庸置疑的是，这一目标的实现，应该以培养学生对文学大师、文学作品的欣赏能力为基础。"小公民教育"倡导培养学生学会欣赏，实际上就是要培育学生的艺术人文修养。无数学术大师的人生经历告诉我们，他们在取得较高的学术成就的同时，也具有较高的艺术人文修养。对于小学生而言，培养他们欣赏美的能力很重要，因为很多创造活动都是在一些看似稀松平常的事物中发现的，现代教育不能忽略这一点。

5. 会表达

表达是用口说或用文字把思想感情表示出来的过程，表达能力是生命个体的基本能力，是人更好地展示自我、相互交流、融入社会的基础性能力。培养学生的表达能力，不仅是语文学科教学的基本目标，也是基础教育领域所有形式的教育教学工作的重要指向。对于旨在培养合格小公民的"小公民教育"而言，使学生学会表达也应该成为不能回避的目标，这里主要指向提升学生的阅读思考水平。在"小公民教育"的视野下，表达能力是一个人在这个社会上生存和发展的基本能力，特别是在现代社会，良好的表达能力不仅有利于个人的发展，实际上也是对别人的一种尊重。

6. 会合作

合作就是个人与个人、群体与群体之间为达到共同目的，彼此相互配合的一种联合行动。在经济全球化、社会分工越来越精细的社会背景下，与人合作成为对人的基本要求。教会学生合作、利用学生的合作开展教学活动，也已经成为教育改革的重要思路。对于"小公民教育"而言，合作是公民意识与公民能力的核心价值之一，教会学生合作，培养学生形成协作互助意识，是"小公民教育"的重要目标。在"小公民教育"的视野下，合作精神是现代社会的公民必须具有的基本精神，也是社会文明进步的表现。特别是我国独生子女在小学生群体中占绝大多数，对他们合作意识和合作精神的培养面临着更为严峻的挑战，这既是"小公民教育"在培养目标上必须认真思考的问题，也从另一个侧面反映了"小公民教育"将合作作为培养目标的重要现实意义。

总而言之，在我们看来，我们对"小公民教育"目标体系的设置，既充分考虑了教育目标设计的基本原则，也遵循了公民教育目标的应有体系，同时，也对学校的具体现实、教育的基本规律和小学生的身心发展特征给予了充分的考虑。基于这三方面思考的"小公民教育"目标体系，兼具了理论性与实践性，因而在具体的操作中具有鲜活的生命力。特别值得一提的是，在构建"小公民教育"目标体系的过程中，我们非常注重教师主观能动性的发挥，将教师的智慧体现在"小公民教育"的设计和实施之中。特别是在"小公民教育"目标的表达方式上，我们尽可能做到直观、直接，容易理解，让教师一看就明白自己应该做什么，自己能够做什么，这样有助于教师在公民教育的过程中做到全身心投入。"小公民教育"的目标体系,既系统回答了新时代学校教育要培养怎样的人,也为如何培养这样的人提供了行动指引。

第三节 学生成长需要

人文社会科学关注和研究的对象都是人,但不同学科关注人的角度是不同的。比如,哲学关注的是"类"的人,社会学关注"群体"的人,而教育学关注有差异的"个体"。正所谓"因材施教",教育的对象不是"抽象的学生",而是具体的"这个"和"那个"学生。[1] 因此,无论是设计教育教学变革路径,还是探索学校人才培养问题,都必须有"具体的人"的意识,只有立足学生的成长需求开展教育研究和实践,才能真正弘扬教育的学生立场,让学校的改革与发展和学生的生命成长实现同频共振。

一、教育学意义上的学生成长需求分析

教育学意义上的学生成长需求,不同于一般的生理需求或者物质需求,其本身是动态转化的过程,是教师根据学生的成长状态,分析学生发展可能,通过教育活动引导学生形成进一步发展的需求。学生成为活动的主体,活动之中蕴含着发展的内容,活动兼具教育目的和手段的双重特性,这是学生活动设计的指导思想。[2] 近年来,随着教育改革的深入,特别是以人为本理念在学校之中的落实,倡导基于学生成长需求的课程与教学变革越来越成为一种趋势,特别是对中小学校而言,每一所学校的特点不尽相同,发展的需求和空间也必然存在差异,要更好地实现人才培养,就要了解学生的实际情况,明确其成长需要,进而通过课程与教学满足这些需要,让课程和教学与学生成长需要实现内在契合。

学生的成长需要中最为根本的是课程需要和学习需要。教育是学习者积极主

---

[1] 李丽.追寻学习的生存论意义[J].全球教育展望,2006(2):9-13.
[2] 李晓文.教育,要从学生的成长需要出发——形成于"新基础教育"改革实践的感悟[J].人民教育,2010(11):4-7.

动努力的过程，如果学校提供的是学习者需要或感兴趣的事情，那么学习者就会主动参与其中。有人认为，学生能够日益有效地应对目前的情境，是他能够应付将出现的各种情境的保证。校本课程开发应该为学生提供各种机会，使学生积极参与并专心致志地处理他感兴趣的、与他密切相关的事情。[1] 学校的课程建设和人才培养目标设计，要注重学生的积极作用，以学生的需要和兴趣为基石，以促进学生的成长为根本目标，通过课程建设和实施不断满足学生需要，形成调查、研究、改进的课程实施路径，这既是学校课程建设的内在逻辑，也是培养个性化人才的奠基工程。

二、基于学生成长需求调研的人才培养目标建构

我们在反思人才培养模式改革的过程中，总在思考两个问题：

学生喜不喜欢我们以往的课程？
为了实现更好地成长，学生希望学习哪些方面的课程？

这样的问题，自问自答当然是没有结果的。学生的喜好与需求，还是要让学生自己来回答。

带着这样的疑问，我们对学生的课程需求、课程满意度进行了针对性调查。调查共回收了 925 份有效问卷，统计结果既有我们意料中的答案，也有令人意外的部分。汇总后，学生对于校本课程建设的需求、建议等主要集中在以下方面：

第一，学生希望有较为完备的选修体系，能根据自己的兴趣爱好开展学习。从调查结果看，七成以上的学生希望能选择自己喜欢的课程。尽管这个数字不算高，但随着校本课程建设的逐渐完善，相信会有更多孩子愿意并盼望能选择喜欢的课程。我们将所有科目内容理顺之后，应有制度方面的跟进，如课程申报、开设和淘汰的制度，选修流程的管理以及形成二次选修机制等。

第二，学生对校本课程兴趣浓厚，与之对立的是部分已有课程的建设仍需完

---

[1] 陆彩霞.基于学生需要和兴趣的校本课程开发[J].安徽师范大学学报(人文社会科学版)，2006(5)：589-590.

善。从学生的选择可以看出，他们虽然喜欢校本课程，但喜欢的原因各有不同。大部分人认为校本课程的内容是他们感兴趣的，拓展或者弥补了基础型课程，为他们带来了更多有意思的活动。但从学生对已经上过的校本课程的评价看，无论是喜欢的还是不喜欢的，都有较为集中的取向。这可能传达了一种信息，即部分课程在实施中是的确能吸引学生的，而另外一些则不然。我们所要做的，就是总结经验，取长补短。

第三，学生对课程内容等有具体要求，反映了学校现有课程科目尚需调整。本次调查收集了学生最希望开设的课程和最喜欢的上课方式。学生提供的课程内容比较杂，经过归类整理，基本上集中在体育、艺术、科技、家政和历史这五大类。我们对这五类课程的要求进行了较为详细的分析，提出了初步的建议：对于体育课程，由于已在已开设游泳课的基础上，建议按高低年级开设数门球类运动的选修课程。鉴于笔者所在学校是三棋示范校，中国象棋和国际象棋课程已在一二年级进行了普及，建议在继续开展课后社团活动的基础上，对三至五年级开设选修课程，供有兴趣的学生参加。对于艺术课程，显然美术课上的彩泥和劳技课上的手工还没能充分满足学生对这方面的要求，因此建议分年级开展相关手工、彩泥和陶艺的选修课程。另外，建议根据师资条件，开设摄影和器乐演奏课程；改进现有舞蹈课程，采用更活泼有趣的教学活动形式，提高学生的喜爱程度。对于科技课程，建议重拾原有的生命探索课程、创新制作课程和模型课程，这三门课程教材规范、资料完备、场地充足、师资充足；将现有的智能机器人课程改成选修课培养学生自己的特长；将现有的信息科技课程也改为选修课，并丰富、充实其所涉内容，以满足学生对于计算机类课程的强烈需求。对于家政课程，我们认为，学生对家政课程的需求实际上可以看成对提升生活类技能的期盼。学校有果蔬屋、小厨房、小餐厅和屋顶花园，还曾经种过丝瓜、蚕豆，这些地方是否可以利用起来成为选修课场地？我们在这方面的课程积累较少，活动经验倒是有，应当将这些活动经验逐步规范化、课程化。对于历史课程，可以将原有的经典课程——我眼中的三国，作为历史研究的切口，只是对师资要求较高，需细加考虑。此外，戏剧社、主持社、红领巾广播台等综合类课程都可考虑加入校本课程体系供学生选修。

在进行问卷调查的同时，我们也对部分学生进行了随机访谈，学生代表性的观点如下：

体育课太少啦，要是篮球什么的能多打一会儿就好了！

我很喜欢美术课上做彩泥、做手工，感觉比用彩笔画画更好玩！

模型社团正好和我自己的时间冲突了，要是课表里有模型课就好啦！

我想学做饭！语文课上刚写了《我第一次烧菜》！

有军事历史课吗？

老师，我们以后真的能自己选什么课就上什么课吗？

我们想上的课学校真的会开吗？

面对一张张渴求的面庞，一双双希冀的眼睛，我们怎么能让他们失望？

在调查学生课程需要的基础上，学校在课程建设领域也同时进行了深度变革，改变的第一步，就是从无到有，建立选修制度。课题组通过讨论，认为一二年级学生尚不具备较好的选择能力，可先实行教师走班制，短课程6次为一轮，一学年每个班级都能轮到，这样让低年级的孩子先有初步的校本课程体验。三至五年级实行学生选修制，每学期开始前由学生自主选修。考虑到部分教师的需求，允许一些专业性较强的课程先行特招。这样就建构起了真正满足学生成长需要的校本课程体系。

从人才培养的角度看，调查学生的课程需求及学习需求实际上还有更深层次的意义，因为这在某种程度上反映了学生对未来生活的合理想象，对自身存在缺点和不足的科学认识，也反映了在孩子们心中哪些要素是成长的关键，哪些要素是人生的必需。透过学生课程需要的分析，我们看到了学生对于学习能力的重视，对于学习广度的追求。这启示我们在设计人才培养模型的过程中，应该突出学生的学习能力，也充分关照学生能力与素质的全面发展，特别是要充分发挥国家课程、地方课程和校本课程的综合育人价值，实现学生的全面成长。

第三章　学校人才培养模型的校本建构

人才培养是教育的本质目的，而人才培养与社会经济发展、政治发展、科技发展等具有十分密切的关联。对于任何教育体系而言，人才培养模式都是动态、变化和发展的，而教育改革与发展的核心任务又是人才培养模式的改革。[①] 随着网络技术的飞速发展，现代教育技术正在进行着一次史无前例的变革，特别是最新科学技术对人才培养的方式和方法产生了巨大的影响，第三次工业革命所需的高素质劳动者和创新型人才给全球的人才培养模式带来了挑战。[②] 在这样的情况下，作为人才培养基本单位的中小学，理应在系统分析时代发展对人才培养共享需求和学校个性特点的基础上，建构具有学校特质的人才培养模型，并以此作为学校实现内涵发展的方向和支撑。基于本书前文的论述，我们认为，小学人才培养应该突出四个方面：以学生学科素养的积淀为基础，以学生交往能力的提升为支撑，以学生学习能力的提升为核心，以学生自控能力的提升为保障，建构起完善的人才培养模型。这一模型既涵盖了未来学校人才培养的能力素质要求，也充分体现了学校特征，便于建构具有校本特色的人才培养体系。

[①] 刘玉侠，等.国家开放大学"六网融通"人才培养模型建构与分析[J].中国远程教育，2019（6）：61-70.
[②] 周洪宇，等.第三次工业革命与人才培养模式变革[J].教育研究，2013（10）：4-5.

第一节　以学生学科素养的积淀为基础

自2001年开始,"素养"一词频繁出现在各教育文件中。《国务院关于基础教育改革与发展的决定》将"学生具有初步的科学和人文素养"作为实施素质教育的目标之一;随后,这一目标又成为国家《基础教育课程改革纲要(试行)》的新课程培养目标。以这两个文件为指导的全日制义务教育和普通高中课程标准同样出现了诸如科学素养、人文素养、语文素养、艺术素养、美术素养、音乐素养、健康素养等名词,部分学科的课程标准还在前言、课程理念或课程性质部分明确规定学科素养为课程核心培养目标。[1] 学科素养概念的提出,不仅为学科教学改革提供了目标和导向,也生动揭示了某一学科的独特育人价值。

一、学科素养的概念与内涵

通常而言,学科素养是学习者在学习过程中所养成的、学科特有的、比较稳定的心理素质。也可以说,学科素养是学习者了解学科所必备的基础知识、基本技能和基本能力,以及能用科学态度与方法判断与解决学科问题的能力。纵观国内外相关研究,在理解学科素养的过程中,众多研究者会对学科素养与核心素养进行概念辨析,进而明确二者的异同。如有研究认为,学科素养是学生所具备的本学科的基本专业素质,这些素质是通过长时间的专业训练所形成的专业思维,通过这种思维促成学生基础知识的积累及基本专业技能的养成,形成基本专业经验,从而达到该学科的素养目标。

回归教育实践,我们可以从四个维度对学科素养的内涵进行理解:

第一,学科素养是学科目标的体现。学科素养代表了一门学科的基本追求与立场。

第二,学科素养是统领性素养。相比零碎化的知识技能,学科素养显得非常"粗线条化",其覆盖的内容很广,涉及众多复杂的知识或技能,其中也包括情感态度等。

---

[1] 岳辉,和学新.学科素养研究的进展、问题及展望[J].教育科学研究,2016(1):52-59.

第三，学科素养是可教可学的。学科素养指向知识技能和情感态度，具有内在的结构，这使得教学具有指向性。这些素养并非学生先天具有的，而是通过后天学习获得的，即通过各门学科教学，使学生形成相关学科素养，这些习得的素养进而为后续新的素养的学习提供基础。

第四，学科素养是有机整体。学科素养之间不是相互独立割裂的，因为解决学科问题往往需要综合运用多种学科素养。从静态角度看，学科知识技能、情感态度等因素构成了学科素养，而且这些因素构成一个整体。从动态角度看，随着学习进程的推进，学生将不断获得新的学科知识技能或情感态度，形成新的学科知识结构。[①]

二、学科素养培养的教学承载

学科教学在学校教育中处于核心地位。学科的设定是以教育目标为依归，以扩大和深化学习者的知识积累与变化为前提的。作为"学科"的元素绝不是单纯碎片化的知识内容的堆积，学科结构必须具有逻辑性。积淀学生的学科素养，必须尊重学科的内在结构，尽可能发挥学科的特点与优势。对于教学而言，要在实践中真正承担起积淀学生学科素养的功能，需要集中解决两个方面的问题：

一方面，基于"核心素养"的学科教学面临诸多挑战。首当其冲的一个挑战是，梳理"核心素养"与"学科素养"的关系。"如果说，核心素养是作为新时代期许的新人形象所勾勒的一幅'蓝图'，那么，各门学科则是支撑这幅蓝图得以实现的'构件'，它们各自有其固有的本质特征及基本概念与技能，以及各自学科所体现出来的认知方式、思维方式与表征方式。"[②]倘若认同这一观点，那么，准确的提法应当是学科素养，"核心素养"的提法自然是不成立的，这种提法只能导致"多核心"的"分科主义"。"学生发展核心素养"也是一种画蛇添足的提法，世界上没有哪个国家与地区是这么表达的。再者，"核心素养"与"学科素养"之间的关系也不是从两者引出的简单化罗列的条目对应关系。这是因为，"核心素养"的养成意味着学习者面对真实的环境，能够解决问题的整体能力的

---

① 邵朝友.学科素养的国际理解及启示[J].教育理论与实践，2016（20）：3-5.
② 钟启泉.基于核心素养的课程发展：挑战与课题[J].全球教育展望，2016（1）：8.

表现，而不是机械的若干要素的总和。

另一方面，需要解决的问题是，各门学科如何彰显各自的"学科素养"？换言之，基于"核心素养"的学科教学面临怎样的挑战？概括地回答是：界定各自学科的"学科素养"，发起"上通下联"两个层面的挑战："上通"，即从学科的本质出发，发挥学科的独特价值，探讨同学科本质休戚相关却又超越学科范畴的"认知的、情感的、社会的"通用能力（诸如问题解决、逻辑思维、沟通技能、元认知）的培育，进而发现学科的魅力；"下联"，即挖掘不同于现行学科内容的内在逻辑，从学科的本质出发，修正和充实各门学科的内容体系，进而发现学科体系改进与改革的可能性。[1]

第二节　以学生交往能力的提升为支撑

人际交往是个体在社会中生存和发展的最基本需要，通过积极的人际交往建立起来的稳定的人际关系是个体心理健康的重要标志。研究表明，当个体具有较强的人际交往能力，将会更有利于他们的社会交往和个性发展，而具有较弱的人际交往能力的个体，往往较难融入社会，也不利于其个性的健康发展。[2] 小学生正处于生理和心理快速发展的时期，其生理和心理的发展特点必然会在人际交往中表现出来。同时，小学阶段的学生，也正处于生活方式的重要转型时期，他们逐渐脱离家庭式的独立生活状态，逐渐融入和适应集体生活状态，各领域的交往活动开始变得频繁。因此，对小学生而言，人际交往是其个性形成和完善的基础，是心理健康素质的一项重要内容，也是其生活的一个重要部分。

---

[1] 钟启泉.学科教学的发展及其课题：把握"学科素养"的一个视角[J].全球教育展望，2017（1）：11-22.
[2] 杨玲，曹莉莉.中学生人际交往能力类型及其应对方式的关系——基于多民族混合学校学生心理素质的研究[J].西北师大学报（社会科学版），2013（2）：76-80.

一、小学生交往能力培养的价值

人是社会的存在,一定的交往能力是实现人的自我价值和社会价值的重要前提和基础。对于小学生而言,培养小学生的交往能力有着十分重要的意义,因为小学生的经验与能力差异不大,他们在相互交往的过程中,会不断进行思想交流与行动协调,既相互影响又相互竞争,进而逐渐掌握有关社会交往的知识、技能和态度。这一方面有利于小学生个体的成长与发展,另一方面也是教育教学活动得以开展的重要前提。具体而言,培养小学生的交往能力具有以下价值:

其一,培养小学生的交往能力,有利于引导小学生进行换位思考。小学生正处在"去自我中心"阶段,他们通过与同伴的接触,能逐渐认识到他人与自己在思想上的差异。同伴之间的互动,能促进小学生观点采择或角色采择能力的发展。观点采择或角色采择要求个人在形成看法或决策行动时,不再以自我为中心,而是要把他人的观点或角度考虑在内,即所谓的"换位思考"。培养小学生的同伴交往能力,能使他们学会换位思考,成为一个受欢迎的人。

其二,培养小学生的交往能力,有利于小学生发现自我。同伴交往一方面可以丰富小学生的社会经验,另一方面能使小学生的知觉、思维和情感都得到快速发展。很多心理学专家认为,同伴交往对小学生的终身发展大有裨益,他们不约而同地指出,同伴交往可以帮助小学生逐渐克服自我中心主义,帮助小学生发现自身存在的不足,进而有意识地改变自身的不良行为,获得别人的认可。

其三,培养小学生的交往能力,有利于为学生成长提供情感支持。现阶段,尽管国家已经调整了生育政策,但是在读学生中,依然有较大数量的孩子是独生子女,由于缺少与兄弟姐妹一起生活的经验,一些小学生逐渐养成了某些不好的生活习惯。同时,由于没有与兄弟姐妹相处的经验,一些小学生的情感也变得干涸。培养他们的同伴交往能力,可以为他们提供情感支持,使他们学会如何与同伴建立和谐的关系,[1] 这对于他们今后更好地融入社会、适应社会,显然是很有价值的。

---

[1] 叶进容.提升小学生同伴交往能力的教育对策[J].教书育人,2018(11):24.

二、小学生交往能力培养的原则

学校是学生成长成才的重要场域，学校教育生活是锻炼和培养学生交往能力的有效载体，无论是学科教学、主题活动还是现实环境之中的师生交往、生生互动，实际上都包含了丰富的人际交往教育素材。对于教师而言，最为重要的是形成培养学生交往能力的主观意识，进而通过多路径的设计，让学生的交往能力在教育实践中得到提升。在实践中，以下几个方面的操作原则可供借鉴：

其一，要注重消除学生的交往心理障碍，培养良好的社交心理。学生的心理障碍是影响其交往能力发展的重要原因，许多学生孤僻、任性、羞怯、心理承受能力弱，这些问题的存在特别是在小学阶段，具有比较明显的普遍性。针对这样的情况，教师可以通过培养学生开朗豁达的性格，培养学生交往的积极性与合作性，锻炼学生的挫折忍受耐力并使其学会用自我调节等方式养成良好的社交心理，为学生积极主动而且有效地参与社交活动奠定心理基础。

其二，要注重激发学生的交往兴趣。学生有了兴趣才能积极主动地参加教学活动，才能够主动尝试人际交往。教师可以利用班级会议等形式给学生讲述一些典型的交往故事，从而激发学生的交往兴趣，为学生创造一个和谐美好的交往氛围，让学生在轻松愉悦的氛围中享受人际交往带来的幸福体验，激发他们参与人际交往活动的积极性与主动性。

其三，要注重遵循小学生身心发展规律。传授交往知识由浅入深、由易到难，教师应该按照儿童交往的身心规律，因势利导，低中年级以知识教育礼仪训练为主，适当地加入一些情景式的对话活动，高年级弱化讲授模式，强化实际交往、参与和实践，组织学生深入社会，了解社会，参与各种社会实践。

其四，要注重加强交往训练，逐步提高学生交往水平。作为交往活动组织者的教师，在指导学生的实际交往时要适时作出点评，让学生掌握礼貌用语，学会待人接物，学会合群友爱。掌握了这些最简单的交往知识和行为规范，能促使学生在交往中游刃有余。另外，应注意对学生掌握交往艺术的要求不能过高，必须有一个循序渐进逐步提高的过程。教师一定要牢记，任何语言和表达都不是真正的交往艺术，学生交往艺术的最终形成必然是在丰富的交往实践之中。

第三节　以学生学习能力的提升为核心

随着科学技术的迅猛发展，人类社会进入信息化和知识经济时代，知识和信息的数量呈指数级增长，知识更新速度不断加快，知识生产和创新已经成为时代的重要主题。同时，终身职业的时代已经结束，经过学校"一次性充电"就能受益终身的时代也已经终结。为了适应这种高开放性、变化性和挑战性的时代变革，学生学习能力的提升被提到了空前的高度，当前社会发展和时代进步，不仅要求人们要"学会"知识、"会学"知识，乃至"创造"知识，也要求人们随时随地学习、积极主动地学习。

一、学会学习是未来人才培养的关键素养

学会学习是未来人才培养体系中的关键素养，这可以从三个维度进行解释：

其一，从国外教育情况看，各国纷纷基于本国国情提出自己的核心素养框架，并在此基础上开展基于核心素养的教育教学改革和实践，以全面提升本国的教育质量，从世界主要国家和国际组织的核心素养框架体系看，29个核心素养框架体系中有近20个都明确提及了学会学习的问题，[1]这也就意味着学会学习已经成为未来人才培养的国际共识。

其二，从国内教育情况看，我国基础教育改革进入素质教育的深水区，学生发展核心素养总框架将学会学习作为学生的六大核心素养之一，以学会学习为中心的教育教学改革越来越成为焦点，培养会学习和终身学习的公民，建设学习型社会也是《国家中长期教育改革和发展规划纲要（2010—2020年）》的重要内容。

其三，从公民自我发展看，学会学习是个体自我完善、全面发展的重要保证。学会学习是21世纪公民应该掌握的必备生存和发展技能。联合国教科文组织曾经指出，21世纪的文盲将是那些不会学习的人。公民自我完善、全面发展的过程需要个体主动地、持续地和顽强地学习，需要个体懂得学习方法和策略，运用

---

[1] 林崇德.21世纪学生核心素养发展研究［M］.北京：北京师范大学出版社，2016.

各种媒介随时随地地学习。同时，从社会发展看，学会学习是建设学习型社会的重要保证。学习型社会是人尽其才的社会，要求公民人人能够学贯终身、善学爱学，这正是学会学习的重要内容。

因此，不论是基于国际国内基础教育改革的宏观趋势，还是基于每一个生命个体的健康成长，学会学习都是人才培养过程中不容忽视的重要领域，甚至是核心领域。对于学校教育而言，应该基于对学会学习的正确理解，从不同维度入手提升学生的学习能力，让学习能力的提升促进学生学会学习素养的培育。

二、学习能力是学会学习的基础性条件

学会学习作为一种重要的素养，很难从单一维度对其进行界定。随着学会学习整合观的兴起，人们对学会学习的认识也逐渐明朗和清晰。世界各国和国际组织摒弃单一的研究视角，采取整合已有成果的方式，提出自己的观点。这些观点虽然仍存在一定差异，但与单一学习视角的观点相比，其全面性、概括性、应用性更强，比较有代表性的是欧盟的观点：学会学习是一种学习上的追求和坚持能力，是一种从个体和团体两个层面高效地管理时间和信息而组织自我学习的能力。它包括对学习过程和需求的意识、识别可利用的机会、为成功学习而克服各种障碍的能力。个体不但要有寻求和借助外界的指导的能力，而且还要具备主动获取、加工和同化新知识的技能。

从上述概念出发，可以从五个方面理解和认识什么是学会学习：其一，主体性视角，即学会学习强调学习者的主体性地位，重视学习的主动性、独立性和创造性，将学习与自己的工作和生活紧密关联，学习不是"负担"或"义务"，而是学习者自愿承担的"责任"。其二，延展性视角，即学会学习具有时间和空间上的延展性，在时间维度上与终身学习概念相联系，学习者不仅接受从小学到大学的正规学校教育，还要接受各种连续不断的教育（如在职培训）。在空间维度上，学习者的学习不再受学习场所的限制，家庭、学校、社区、社会等都成为学习的场所。其三，整合性视角，即学会学习是一个复杂的整体结构，是认知、情感和身体（尤其是脑）的整合，是智力因素和非智力因素（自信心、意志力、自我概念等）的统一。学习的过程是个体与内外因素互动的过程，是学习者的身体、心理、情感、情境等互动并参与到学习活动中产生感知，形成理解

的过程。其四,建构性视角,即学会学习是一个动态建构过程,是情境化的学习。学习者不仅要基于以往知识和经验重新建构自己的认知过程,还要与多样化情境(如教师、同伴、社区及社会文化等)互动,在动态变化中不断进行知识学习和知识创新。其五,价值性视角,即学会学习兼具个人价值和社会价值,它不仅使得每个人通过学习充分发展自己的潜能,而且通过提高个体的灵活性、适应性和内在动力等,对劳动力市场、社会和谐、积极承担公民角色等作出增值性贡献。①

对于小学阶段的学生而言,这种学习能力不是虚无缥缈的,它至少可以被解构为学习动力、学习兴趣、学习毅力、学习技巧等,教师需要做的就是借助教学和活动,培养学生上述四个维度的能力,让学生的学习能力得到综合提升,为其学习素养的培育和终身发展奠定基础。

第四节 以学生自控能力的提升为保障

儿童自我控制能力的发展,对儿童个性的发展和自我意识的形成起着非常重要的作用,它直接影响着孩子的学习、生活、社会交往和个性的发展。换句话说,学生在小学阶段自我控制能力的发展对他们的一生都有着重要的影响。可是反观我们周围,自我控制能力缺乏已经成为当前大多数独生子女的通病。家长对孩子无原则地疼爱及有求必应,养成了他们以自我为中心的性格。在学校里,稍不如意就使性子、乱发脾气的不少,不遵守规则、上课随便插嘴的也很多,碰到困难就放弃、做事不能坚持的更是大有人在。这种性格反应在学习上,不仅容易导致学生学习成绩的下滑,而且容易破坏整个班级的学习氛围。因此,培养小学生的自我控制能力,特别是学习上的自控能力就显得特别重要。

---

① 贾绪计,王泉泉,林崇德."学会学习"素养的内涵与评价[J].北京师范大学学报(社会科学版),2018(1):34-39.

一、自控力与学习自控力的阐释

国内外关于自控力概念的说法不一，主要有以下比较具有代表性的几种：

Megan 等人对自控力的见解是，个体通过控制以及改变他们自己的想法、情绪及行为的整体过程；Kopp 认为，自控力是指当事人主动控制自己的行为，使之与个体树立的价值观念以及社会期待相匹配的能力；Savage 认为，自控力不单指服从权威、认同他人制定的行为准则，更重要的是指个体根据自我遵从的信念和期待进行作业；朱智贤认为，自控力是人所特别拥有的能力，是个体以自我认知的发展为基础，以自我为实施对象的活动；杨丽珠认为，自控力是个体意识中的重要成分，是个体根据目标的设置，克服内在、外在的阻碍，主动控制自我的心理和行为使之接近或达到目标。上述国内外学者对于自控力的界定都是个体主动地通过自己的方法对自己的行为加以控制。

关于学习自控力，Nancy 提出，是指个体为了完成任务而设置目标，通过相应的方法策略，始终监督、调控自己的行为，使之符合目标要求的一个过程；Myonghee Yang 认为，学习自控力是认知、动机和行为的相互配合；董奇认为，学习自控力是指个体为了保证学习成功以及获得学习效果，而对自己所进行的学习活动进行的积极自觉的调整和配合；郭梅华认为，学习自控力是学生为达到学习目标，在学习过程中自觉按照社会期待和个体要求对思想和行为进行控制；张灵聪认为，学习自控力是指个体遵循普遍的社会标准以及个人价值取向对自己的学习表现及时调控的能力，它表现为课内学习与课外学习；谢薇认为，学习自控力是学生按照内在个体对自己的期待预期以及外在学校社会的要求，对自己的学习行为进行相应的调节、监督和控制。学习自控力包括两个方面，课内学习表现为集中注意力，克服其他干扰认真配合教师教学，课外学习表现为课下主动复习课内的知识内容。[①]

上述国内外学者对于学习自控力的研究，都反映了学习自控力是个体在学习时对思想和行为的积极调控。因此，本书将学习自控力定义为：学习自控力是学生个体针对学习任务，及时调整自己的学习行为，克服学习中的挫折、困难和干扰，将学习活动维持在一定的稳定水平，以接近或达到学习目标，包括学习过程

---

① 王佳美.初中生学习自控力现状调查与干预研究［D］.重庆：重庆师范大学，2016：2-3.

中的专注力、耐挫折力以及情绪的控制力等维度。

二、学习自控力的影响因素与培养路径

在各种相关研究中,心理学家发现学习自控力的发生过程主要涉及目标的设定、学习活动中的监督、对学习活动的自我评价,以及学习活动结束后的改正。在具体的学习过程中学习自控力的发生机制,首先,是学生个体根据学习任务确立学习目标;其次,是付出学习活动并在这一过程中自我监督以进行内在的激励,逐渐接近或达到学习目标;再次,是对于学习活动完成后的效果进行评价;最后,是针对学习效果反馈的不足进行改正。

(一)学习自控力与学习动机

学习动机是从个体内部产生的原始推动力,表现为对学习的兴趣和主动性,从而促进学业成绩的提高。邹丹杰和张灵聪通过对大学生学习自控力的调查研究表明,深层学习动机与学习自控力显著相关,而成就型学习动机和表层学习动机与学习自控力的相关性较低;王瑾的研究结果与邹丹杰和张灵聪的研究结果相似,表层学习动机与学习自控力不相关,成就型学习动机与学习自控力无明显相关,而深层学习动机与学习自控力显著相关;耿德英的调查研究结果显示,学习动机对学习成绩的提高并不能起到直接的促进作用,而是要通过学习自控力作为中介环节,进而影响学生的学业成绩。上述学者的研究结果都表明,学习动机尤其是深层学习动机对学习自控力以及学习活动有促进作用。[1]

(二)学习自控力与学习策略

学习策略是学生个体通过教师、同学或者自己总结的学习方法在学习过程中的运用。李山、余欣欣的研究结果表明,学习自控行为是通过学习策略的运用间接影响学习成绩的;郝增、高建民和肖晓玛的研究结果显示,对学生进行学习自控力的培养,在日常教学中首先就要注意激发学生的学习动机并且随时注意积累学习策略;林金兰对学生学习自控能力的调查研究显示,学习策略和学习自控力

---

[1] 王佳美. 初中生学习自控力现状调查与干预研究[D]. 重庆:重庆师范大学,2016:4-6.

是通过学习效能感间接作用于学业成绩的，因此，在日常教学活动中要注重学生对学习策略的积累，还要让学生在学习中正确使用学习策略。学习策略对学生学业成绩的提高具有促进作用，进而促进学生效能感和学习能力的提升。上述学者的研究都表明，学习策略对于学习成绩的提高、学习自控力的养成具有促进作用，应在实际教学中重视学习策略的培养。[①]

（三）学习自控力与情绪稳定性

研究表明，人的心理过程包括认知、情绪和情感，以及意志活动。因此，情绪在个体活动发生发展的过程中是一个不可忽视的问题，在学习自控力的研究中人们也非常重视非智力因素——情绪的影响作用。张灵聪和张荣伟的研究表明，初中生的情绪水平在年级、性别、专业、独生与否等方面没有显著的差异，但在生源地维度方面存在城市重点中学和农村普通中学之间的显著差异；另外，情绪调节能力各维度与学习自控力各维度正相关。陈艺华和张灵聪对高中生情绪与学习自控力的调查研究表明，高中生的情绪水平在学校、性别、年级和专业等维度上不存在显著差异，但在学业成绩、学习自控力方面存在显著差异。张灵聪对高中生学习自控力的调查研究表明，情绪水平的维持和调节对高中生学习自控力的提高以及学习自控策略的掌握具有促进作用。上述学者对于学生情绪与学校关系的研究结果不一致，但是在年级、专业、性别等对学习自控力的促进作用方面研究结果一致。[②]

基于上述诸多方面的分析，学生自控力的提升，特别是学习自控力的提升，并非仅仅涉及学习一个领域，也与学生的心理素质、生命情态等有很大的关联。学校要真正培养学生的自控能力，必须关注学生的心理状态，综合施教方能取得实际成效。

---

① 王佳美.初中生学习自控力现状调查与干预研究［D］.重庆：重庆师范大学，2016：4-6.
② 同上。

下 篇

行动的探索

第四章　学生学科素养培育的行动探索

从学校教育教学实践的角度理解，学科基本素养是学生或学者在本学科内所具备的基本专业素质，这些素质是通过长时间的专业训练所形成的专业思维，通过这种思维促成基础知识的积累，增加基本专业技能，形成专业基本经验，从而达到某门具体学科所要求的基本目标，包括学科基础知识、基本技能、基本经验、基本品质、基本态度等几个方面。对于一线教师而言，明确学科素养的概念和内涵只是教学过程中的基础性工作，真正重要的是要立足于不同学科的属性，对照课程标准的要求，在教与学的实践中培养学生学科素养，更好、更充分地挖掘学科的育人价值。

第一节　语文学科素养的理论阐释与实践案例

语文是义务教育阶段的核心课程，也是决定学生人生发展高度与厚度的基础性课程。《义务教育语文课程标准》指出，语文是最重要的交际工具，是人类文化的重要组成部分，工具性与人文性的统一是语文学科最重要的特点。义务教育阶段的语文教学，应该致力于学生语文素养的形成，这是学生学好其他课程的基础，也是学生全面发展和终身发展的基础。

一、语文学科素养的理论阐释

要厘清小学语文学科核心素养的深刻内涵，需要从核心素养本身说起。核心素养一定是最基础、最主要、最普遍、最本质的素养，它不同于既成"素质"，也不同于普适性能力，更不同于从具体实践操作中呈现出来的技能、技巧，而是一种具有生长力的不断丰富、不断优化、可教可学的动态、立体式的素养。核心素养同样也是一个复杂的结构，它所涉及的内涵既重视知识，也重视能力，更强调态度的重要性。对于小学语文学科"核心素养"，专家学者们给出了基本一致的定义，基本包含了儿童在语文学习方面表现出的最基础的、最主要的"语言素养""思维素养""审美素养""人文素养"四个方面，这四个方面也基本涵盖了小学语文课程所要求学生在语言、文字、文章、文学、文化等方面应获得的基础知识、基础学力和综合素养，也符合《义务教育语文课程标准》关于"全面提高学生的语文素养"的课程基本理念。我们认为，小学语文学科核心素养是学生发展核心素养的小学语文学科化，是指学生在学习小学语文学科后获得的适应其终身发展和符合社会发展需要的基础知识、基础学力以及相应的必备品格和关键能力，表现在"基础性"和"综合性"两个方面。"基础性"是指学生要获得语言、文字、文章、文学、文化方面的基础知识（字、词、句、篇、语言、修辞、逻辑、文学的知识积累以及相关的文化知识积累）和基础学力，培养学生的"人文底蕴"和"科学精神"，奠定学生的"文化基础"，同时也为学生的更高层次的语文学习打下良好基础；"综合性"是指在"基础性"基础上，学生获得基础知识和基础学力以外的综合语文素养，包括语文学习所必备的品格和关键能力，如养成良好的学习习惯、掌握科学的学习方法，学会倾听，有较强的表达交流、人际沟通能力，提高思想道德修养和审美情趣，逐步形成良好的个性和健全的人格，培养"自主发展"和"社会参与"的核心素养，从而实现培养"全面发展的人"的育人目标（参见表4-1）。

表 4-1　小学语文学科核心素养体系表

表现	内容	包含的方面	指向的素养
基础性	基础知识	文化基础	人文底蕴，科学精神
基础性	基础学力	文化基础	人文底蕴，科学精神
综合性	关键能力	自主发展	学会学习，健康生活
综合性	必备品格	社会参与	责任担当，实践创新

二、语文学科素养的教学案例

按照《义务教育语文课程标准》的解释，语文课程应激发和培育学生热爱祖国语文的思想感情，引导学生丰富语言的积累，培养语感，发展思维，初步掌握学习语文的基本方法，养成良好的学习习惯，使他们具有适应实际需要的识字写字能力、阅读能力、写作能力、口语交际能力，正确地理解和运用祖国语文。同时，语文课程还应通过优秀文化的熏陶感染，提高学生的思想道德修养和审美情趣，使他们逐步形成良好的个性和健全的人格，促进他们德、智、体、美诸方面的和谐发展。这意味着语文课堂教学应该是小学语文学科素养培育的基础，语文教师应该充分运用学科教学，挖掘其综合育人价值，在实践语文学科素养培育的同时，为学生终身发展奠定基础。

案例一：调动多元感官，激发学生识字兴趣
——一年级语文识字教学初探

一、案例实录

1. 案例背景

时光匆匆，亲手带了五年的学生如今已经毕业，我又新接了一年级新班。语文教学的重心一下子要由以往的品词品句、谋篇布局变成读儿歌、认生字，真是不能适应，心里一直想着：坐在教室里乖乖地上语文课，对于一个只有六七岁的孩子来说，实在称不上是一件有趣的事情。怎样才能把浅显的内容扩展，填满这35分钟，把课上好呢？经过一学期的实践，我发现一年级的语文课其实并不难上，教师把握教材都没问题，关键是教师一定要创设宽松的学习氛围，努力变化出一些花样，调动孩子们的多元感官，从而激发他们的学习兴趣；同时，教师应具有

较强的培养学生良好行为习惯和学习习惯的意识，能巧妙地把学生习惯的培养与课堂知识的传授相结合。只要有"噱头"，只要有"意识"，孩子们一定会爱上语文课。

2. 案例描述

《稀奇歌》是一首充满童趣的儿歌，读来朗朗上口，能引起学生的共鸣。于是，课堂开始我便创设情境，让学生看有趣的插图，将学生带入儿歌的情境中。学生不时发出笑声，我也跟他们一起笑，让他们感受到这个情境真的很有趣、很稀奇。在看看笑笑的过程中，让学生交流所见的梦境，我依次把这些词语写在黑板上让学生认读，这样，学生既学会读词语，又对整首儿歌有了一定的了解。

生字教学是一年级的重点。本课要求认识的生字有4个，其中"奇"这个字在揭示课题时就出现了，我用编顺口溜对答的方式让学生很快记住这个字的字形，了解它的用法：大加可，奇奇奇。（齐读）什么"奇"？（师问）"奇怪"的"奇"（指学生答）。大加可，奇奇奇。（齐读）什么"奇"？（师问）"稀奇"的"奇"（指学生答）。就这样依次问下去。对这样的形式，学生很容易接受，使他们大大提高了识字的效率，也扩充了词汇量。其他三个字的学习则放在读完儿歌之后，对每个字都用不同的方法教，各有侧重点。例如，"真"字，我是结合行为习惯的养成进行教学的。我观察着上课认真的小朋友，通过随机用"真"字口头造句表扬他们的方式来帮助学生理解字义。比如，"小张同学今天发言真棒，站得像一棵小青松，声音又响亮，老师真喜欢她"。又如，"小王同学坐得真挺，像一口钟，我们要向他学习"。学生在会心的微笑中懂得了"真"就是"非常，很"的意思。我又不失时机地告诉他们，"真"还是"认真"的"真"，现在老师要来找一找，班上哪些小朋友上课最认真？话音刚落，学生们都打起精神坐端正，眼睛齐刷刷地望向我，瞧，课堂纪律也整顿好了！再如，"飞"字，我让学生通过做动作来理解。我和小朋友一起快乐地做着各种"飞"的动作：小鸟飞、蜜蜂飞、老鹰飞、飞机飞、火箭飞……学生在快乐的游戏中感受到"飞"的自由。随后我说："飞要用翅膀。"我边说边在生字卡片"飞"字上用红笔描画"撇、点"（一撇一点表示一对翅膀），帮助学生形象地识记"飞"的字形。"那剩下的黑色笔画是什么呢？"我指着生字卡片问，从而引出今天课上要学的新笔画名称"横折弯钩"。整个字的处理，音形义相结合，学生学得快乐又扎实。教研员听后，兴奋地说："飞得好！"

二、案例分析

1. 案例解读

总结这堂课上得成功的原因，其实就是在课堂上，教师善于调动学生的多元感官，激发了学生识字的兴趣，提高了学生识字的效率。

爱因斯坦说过："只有兴趣，才是最好的老师。"《义务教育语文课程标准》也把让学生"喜欢学习汉字，有主动识字、写字的愿望"列入教学的第一目标。该课程标准还指出："要运用多种识字教学方法和形象直观的教学手段，创设丰富多彩的教学情境，提高识字效率。"低年级学生年龄小，注意力持续的时间很短，这就需要我们结合学生的年龄特点，调动学生的多种感官，多方位地刺激和激发学生的识字兴趣。

多种感官，即听觉、视觉、嗅觉、味觉和触觉感官。我们需要让学生通过不同的感觉，在脑中形成知识的表象，进而认知和记忆。特别是对于低年级孩子，需要设计利用最直接的感官刺激，如让学生动动手，画一画，摸一摸；动动嘴，唱一唱，念一念等，使学生充分调动多元感官并强化识记，这样才能让小学低年级识字教学高效进行。

在低年级中，象形字比较多，"字画同源"的现象比较普遍，结合孩子们爱涂鸦的特性，让学生动笔画画，用眼观察，用脑想象，能激发他们识字的兴趣，促进学生更好地识记生字。比如，在教学"休"与"困"字时，我首先请学生根据字形在黑板上画出对应的图案："休"字是一个人靠在一棵树上；"困"字是院子里画上一棵树。然后让学生观察后想象，说一说图中画的是什么。在各种快乐的猜测后，我向学生解释，"休"字就好像是一个人干活累了，正靠在一棵树边休息，而"困"字就好比一棵树被封闭在院子里，这棵树没办法长到墙外去。学生瞬间恍然大悟，发出了快乐的笑声。这样的教学，调动了视觉、听觉和触觉，使学生爱上识字。

唱儿歌是学生最喜欢的一种活动。在识字教学中，把生字融入趣味无穷的儿歌中，让学生边唱儿歌边识字，这样就可以很好地激发学生的识字兴趣，促进学生乐于识字,让学生很容易掌握字形,获取成功的喜悦。同时,在读儿歌、背儿歌时,学生需要用脑来思考儿歌中的内容,又进一步发展了学生的思维,让学生在读儿歌、背儿歌的过程中愉悦心情,快乐识字,并通过这一外加动力来促进学生对汉字的记忆。比如,在教学"燕"字时,我就编写了一首儿歌让学生边看老师板书边识记:"二十路电车开到北京路口,当当当当。"教学"蹦"字时,编成"山下有个小朋友,用脚蹦蹦跳"。这样,学生就可以非常快速地识记这几个生字。再如,教学"拔"与"拨"字时,我编了这样两首儿歌帮助孩子们区分:"有个小朋友,用手拔萝卜,出了一滴汗";"用手拨草丛,发现大蟋蟀"。学生通过唱儿歌,一下子就记住了这两个字的字形与区别。

2. 案例反思

我们在教学中对于通过感官刺激来设计的课堂活动需要注意的是,感官刺激种类的选择不能过于单一,因为学生对同一种刺激的兴奋时间是有限的,时间长了,注意力也会分散。但我们也不能为了过分追求教学的新颖和感官刺激的数量而忽略了学生学习吸收的效果。我们对于感官刺激教学法的使用应该是有选择性的、思路清晰的、对学生刺激作用大的、留下印象深刻的,而不应该是混乱的、没有针对性的、效果不强的。

我们还应该根据教学内容来选择具体的感官刺激、呈现方式和练习方式。我们在教学中较多使用多媒体教学,多媒体教学有利于视觉和听觉上的刺激,对于创设情境是有好处的。但有些教师过于依赖多媒体教学,而没有考虑它是否适合教学内容,是不是最佳的呈现和练习方式。所以,我们在教学中应选择适合学生的和最有效的,不能华而不实。

多种感官的刺激要结合丰富多彩且有针对性和实效性的课堂活动来完成。课堂活动会激发学生的参与感、竞争意识,刺激学生争强好胜的心理;让学生亲身参与,一起唱,一起跳,一起玩,真正做到使学生成为课堂的主体。课后还可以布置有趣的长作业,用学到的汉字编故事、画画,编好或画好以后传给下一个小朋友,请他再接着往下编。这样,一本本漂流绘本就诞生了!在此过程中,充分调动孩子的多元感官,他们一定会爱上识字。

在我们利用多元感官来教学的时候,的确会使课堂"活"起来,但有一个问题需要注意,就是课堂的管控。好的课堂氛围的基础应该是有序,因此教师还要制定一定的课堂规则来控制学生的行为，表现在课堂教学的设置上，就是要注意动态的刺激和静态的刺激相结合，使学生动静结合。

（撰稿人：蒋群）

案例二：让孩子爱上识字
——记字小窍门

一、案例背景

作为一名常年耕耘在教育一线的小学语文老师，在教学过程中，我经常为这样的问题头痛不已：小学生写错别字。他们或把字的部件写错，或把字写得缺胳膊少腿，或混淆同音字、形近字，或者干脆把此字写成了彼字。这个问题不仅令老师头疼不已，同样困扰着学生及家长。

提笔忘字，抑或常写错别字，的的确确给学生的语文学习带来不小的阻碍。对于低年级的学生来说，学过的字词记不牢，默写出错率高，直接导致平日里订正作业量的增加，以及考试时的失分。而对于高年级的学生而言，这一不足给他们带来的负面影响更大，且不说基础知识因为频繁出现的错别字拿不到高分，单说作文，也会因为大量错别字的出现导致成绩被老师降等处理。

长此以往，识字记字方面的小障碍会直接影响学生的学习成绩，进而影响学生学习语文的兴趣。

二、案例分析

小洋是我们班一个性格开朗、大大咧咧的男孩子。他从小识字量很大，很早就可以独立阅读，平日也很爱看书，课外知识很丰富，语感也很不错。由于他性格外向，表现欲又很强，很喜欢和同学们分享平日里看的那些故事，是我们班赫赫有名的故事大王。

可就是这样一个在外人看来语感不错，也很爱看书的学生，语文成绩总是不理想。时间久了，他渐渐对语文没那么有兴趣了。小洋妈妈也是看在眼里，急在心里，屡屡来校找我商量对策。

我们静下心来，拿出小洋从二年级以来的一些练习、默写本，我们发现阻碍小洋语文成绩提高的就是错别字太多。静下来和小洋沟通，我们发现他平日识字记字的方法过于机械，大多数都是抄写几遍后，凭着自己的小聪明死记硬背下来。

这样的记忆效果短时间看来没有太大问题，但是时间一久，就会导致记忆模糊，造成提笔忘字，错别字很多。

三、问题解决

针对小洋的情况，我结合以往的教学经验，又参考了一些教育书籍，总结了以下一些学生易于接受的识字小窍门，帮助像小洋一类的学生更为有效地识记汉字。

1. 趣味拆分识记法

有一些汉字，它们是由几个部件组合而成，实际书写时，学生们常会把其中的个别部件写错。为了帮助他们准确识记这些字，我想到在这些部件之间造成某种联系的办法。如"解"这个字，许多学生总喜欢写成"角、已、牛"，我告诉他们这样记："你花一角钱买了一把刀宰了一头牛。"再如"献""厌"这两个字，许多学生经常写成"南、大""厂、大"，我跟他们说："以后记住从南边来了一条狗，就是'献'，工厂里面养条大狗看门口，不然小偷就会来偷东西，那就是'厌'。"一些学生经常把"撒娇""娇气"的"娇"，写成"骄傲"的"骄"，我开玩笑地说："一般情况下女孩子比较娇气点，喜欢撒娇，以后记住是女字旁。"又如"比比皆是"的"皆"，很多学生会写成"比、日"，我教他们这样记："你和同桌比一比，谁皮肤更白。"还有"碧绿"的"碧"经常被写成"王、白、玉"，我这样说："这个字这样记，王先生、白先生一齐坐在石头上。"

2. 区别字义识记法

有些字的偏旁部首本身就很相似，如"日"与"目"，"王"与"玉"，"冫"与"氵"，"亻"与"彳"等。由这些部首构成的字，学生们常常难以分得清楚，错误也就经常发生。对于这一类字，我们可以利用这些部首本身的表意功能，帮助学生们去准确识记。比如"暖"这个字，意思是暖和、温暖。而许多学生会把该字的部首写成"目"，我说温暖、暖和必须要有太阳的照耀，没了太阳就不暖了，所以部首是表示太阳的"日"；再如"众目睽睽"的"睽"这个字，许多学生把"睽"的部首写成"日"，我告诉他们"众目睽睽"的意思是"很多人注视着，很多人看着"，看是用眼睛，因此"睽"的部首应是表示眼睛的"目"。又如"污染"的"染"，很多学生喜欢写成"氵、丸、木"，我对他们说："'污染'就是东西变脏了的意思，你们愿意吃脏的丸子吗？"这样一说，他们都摇起头。还有学生在写作文的时候经常把词语写错，像"墙壁"的"壁"，许多学生喜欢把下面的"土"写成"王"，我告诉他们墙壁是用混凝土做的，所以下面应该是"土"；再像"完璧归赵"的"璧"，我们知道"璧"是一块玉，所以下面应该是"玉"。

3. 相似对比识记法

汉字中，有许多字字形很相似，不少字仅为一笔之差，对于这些字，学生们如果不能清楚地了解它们的差别，稍有不慎，极易写错。我教这些字时，常把它们放到一起去引导学生们仔细比较，明确辨别，并在运用中记住它们。如我在教"眼睛"的"睛"时，经验告诉我，学生们常将其与"晴天"的"晴"混淆。因此，我把"睛"与"晴"放到一起，让学生们比较，联系字义，"睛"表示眼睛，"晴"表示天气晴朗，再通过组词来帮学生们明确区分并牢牢记住这两个字。教到"陈"时，我引出"练习"的"练"，让学生们比较右边部件的异同，特别提醒学生们，"陈"是姓氏的一种，把"陈"写成"练"，那是对自己和他人极大的不尊重，这样一来，他们的印象深了，也就不会再写错了。在不断地区别和比较中，学生们的识记就更加准确、更加牢固了。

4. 联系生活识记法

汉字中有些字，与我们常见的一些字的构成规律不一样，学生们常会多写一笔或少写一笔。我常会联系学生们的生活、思想实际，帮助他们巧妙地记住这些字。比如，学生常把"熊"写成"能"，我引导他们观察，"熊"的四点底就像是狗熊的四个爪子，如果没有了四个爪子，还是狗熊吗？如果谁再把"熊"写成"能"，他就真是一只狗熊了。在嬉笑趣谈中，学生们就把这些字牢牢地记在了脑海里。

5. 形声结合识记法

形声字，是汉字中最常用的造字形式，占常用汉字总量的90%以上。形声字，顾名思义就是这些字的组成部分一半表音，一半表义。了解了这个特点，就能帮学生们准确地识记很多字。比如"清"，我引导学生们观察，为什么用"氵"做部首，为什么右半部分用"青"，从而了解其左形右声的特点。我再问，你们还知道哪些以"青"为部件的形声字呢？学生们思维活跃，一口气说出了"请、情、晴"等许多字，并且还说出了这些字左形右声的特点。这样，学生们不仅准确记住了"清"这个字，而且认识了与之相似的一批字，这是一种很好的识记汉字的方法。

通过一段时间的学习和尝试，我欣喜地发现小洋作业本上的错字慢慢减少了，试卷中的错别字也不那么频繁出现了。更难能可贵的是，他自己不仅能够较为熟练地运用之前的一些好办法识字，还会开动小脑筋创造性地识字，甚至喜欢充当小老师去帮助其他同学。

这让我颇受触动，教无定法，学亦无定法，只要在实际教学中善于观察，勤于动脑，乐于总结，就一定能突破学生学习的软肋，让他们爱上语文，爱上学习。

（撰稿人：沈燕）

案例三：重视朗读训练 激发阅读兴趣

一、案例实录

1. 案例主题

《义务教育语文课程标准》明确指出："各个学段的阅读教学都要重视朗读和默读"。朗读，就是出声诵读，更确切地说，朗读是把书面语言转化为发音规范的有声语言的再创作活动。对学生而言，朗读是他们与文章之间进行对话的过程。在低年级的语文教学实践过程中，指导学生朗读就显得尤为重要。记得一年级上半学期，孩子们朗读时显得无精打采的，顿读、唱读、加字、漏字的现象较为严重。老师们心里都非常着急，一旦学生在朗读时产生倦怠情绪，而老师又不及时采取有效措施加以调整的话，学生的后续阅读能力就不能提高。为此，我们备课组的老师专门进行了一次讨论学习，主题就是如何提高学生在课堂中的朗读效益。于是，大家认真学习了课程标准，认识到朗读训练是个循序渐进的过程，由于学生的认知水平有限，识字数量有限，刚由儿歌学习过渡到学短文阶段，出现顿读、唱读的现象是正常的。教师一方面要给学生一个适应的过程，另一方面要狠抓学生良好的朗读习惯。这样坚持训练，学生顿读、唱读等现象一定会扭转过来。作为教师，应该以纲为本，改变教育理念，调整好自己的心态，不急于求成。

2. 案例描述

达成共识后，我们加强了字字过目的指读训练，在巡视过程中，我们发现有些学生在指读时，手指不是点在字的下面，而是点在字的后面，这样在朗读时，前一个字读完后必须马上移开手指才能看清后一个字是什么，当然会影响学生读文的速度和正确性。于是，我们及时加以纠正，传授正确的指读方法，即小手要点在字的下面，并且眼睛要跟着小手"走"，只有做到心到、眼到、手到，才能做到口到。接着，我们花力气，进行逐一纠正，由于方法得当，渐渐地，孩子们养成了字字过目练朗读的良好习惯，识字的效率大大提高，读文时的障碍也逐步减少，朗读的速度也开始加快。

低年级孩子喜欢新鲜有趣的事物，如果总是用一种形式朗读，学生会感觉单调、乏味。叶圣陶先生说过："作者胸有境，入境始与亲。"小学生的情感是伴随清晰的表象和正确的理解不断深化的。在指导学生朗读时，可依据语言文字，进行定向引导，展开想象，进入课文所创设的情境，借助语言来感受形象，领悟其中的感情。例如，在指导学生读《长城和运河》这篇课文时，为引导学生朗读并理解描写景物的内容，我们通过"观看录像——分句朗读——指导朗读——播放画面——自读记忆——配画朗读"的分层练读，使课文情境活现于课堂，使描写景物的语言活现在耳边，将学生引入情境，借助朗读，去想象，去体会，去表达，使朗读达到语言与语境的融合，情感与情理的结合，体会与表达的结合，这样就能达到以语境促朗读、促理解、促感悟的多重目标。

要提高学生的朗读水平，教师的范读十分重要。因为课文中有些地方需要以读代讲，有些地方读不好就不能理解好课文内容。有时朗读还可以营造气氛，让课堂气氛达到最高点。这就需要教师本身研究朗读，朗读好课文，把学生的注意力吸引过来，师生才能情不自禁地共同进入角色。如《称赞》这类感情色彩很浓厚的课文，更应该通过朗读来体会文中的思想感情。为了达到以上目的，教师在指导学生朗读时，首先自己必须声情并茂地朗读。我们在指导朗读小刺猬称赞小獾的话时，强调了"真""一个比一个好"这两个关键词，让孩子们说说自己听后的感受，然后再模仿老师的样子来读一读，体会出称赞别人时要真诚，只有这样才能让别人感到阳光般的温暖。我们还请小朋友们找出句中的关键词"香极了""从来没见过这么好的苹果"，并模仿老师的口气读一读。因为有了前面的范读，学生们很快受到感染，一下子抓住了称赞别人的诀窍，从而为理解课文奠定了基础。

二、案例分析

1. 案例解读

随着时间的推移,我们在教学中又发现了新问题:经过一段时间的训练,原先学生读文时的顿读、唱读现象已经没有了,可随之而来的是学生朗读的积极性降低,读文时语速太快,读得不仔细,常有读漏字、读错字的现象。针对这种新情况,我们又开始研究解决的对策。经过分析,我们发现孩子们读得快是因为他们的识字量增加了,读文对他们而言已并非难事,虽说这是个可喜的现象,但朗读的要求如果仍然停留在"字字过目练朗读",那么学生读文的倦怠情绪又将出现,当务之急是要想办法激发学生读文的积极性。心理学研究表明,兴趣是激发学习最现实、最活跃的因素。儿童有了浓厚的兴趣,便会对朗读产生强烈的需要,积极投入朗读之中。研究表明,多种形式的读能有效激发低年级孩子的朗读兴趣。

方法一:课内创设情境练朗读

在课堂教学中,运用多媒体、录音和教师的体态语言等创设课堂情境,学生容易产生身临其境的真实感,低年级学生喜欢模仿小动物或人物的表情、动作和说话的语气,有着强烈的表演欲望,教师可创设情境,满足学生的表现欲。例如,教《蝉》这节课时,文中讲述了黄莺、画眉、云雀要教蝉学本领,而蝉从一开始的"不以为然"到后来的"不耐烦",结果一事无成。在指导朗读时,我们让学生戴上小动物头饰,边朗读边体会这些小动物说话时的语气、动作、表情、心情,再把它们表演出来,这样,学生越表演越有朗读劲头。此外,针对低年级学生喜欢竞赛的心理特征,在班级中举行朗读比赛,形式有小组赛读、男女赛读、挑战读等,激发孩子的朗读热情。

方法二:在丰富多彩的语文实践活动中提高朗读能力

为了提高学生的朗读能力,让他们越读越好,就要充分利用语文学科活动这块阵地,开展丰富多彩的语文实践活动。其中"我是小小广播员"的活动就深受学生喜爱,老师们先录制了一段电台播音员的录音,让学生听后就播音员的朗读说说自己的想法,有的说:"播音员的平、翘舌音读得很准,而且声音很响亮。"有的说:"每一个字,播音员都读得很清楚。"还有的说:"播音员读句子的时候，都是按着标点停顿的。"接着，老师让学生们自己准备一段朗读材料，模仿播音员的朗读，两天后进行比赛。比赛那天，孩子们个个跃跃欲试，争当小小广播员，他们站在讲台前是参赛者，坐在座位上时又是小评委，双重身份的他们在活动中是那么认真、专注。比赛结果是孩子们最看重的，而比赛过程则让老师们感到欣慰，因为通过比赛，检验了学生的朗读水平，提高了学生的朗读能力，激发了学生的朗读兴趣。望着孩子们自豪的笑脸，老师们也由衷地笑了。像这样的活动还有不少，如与录音机里的老师比赛朗读、我是小小金话筒、课本剧表演、朗读大擂台等活动，都成了学生喜闻乐见的语文实践活动。通过这一系列的活动，培养了学生的语感，学生将朗读变为一种自觉行为。

方法三：运用多元评价激发朗读兴趣

为了激发学生朗读兴趣，使其养成良好的读书习惯，我们又引进多元评价。学生是学习的主人，也应该是评价的主人，课堂上教师应该把评价的权力交给学生。我们认为，可以把评价机制引入小组的读文训练中，于是我们群策群力，设计了一份朗读情况评价表。评价者是四人学习小组中的成员，评价的内容为读书的姿势是否正确，朗读的内容是否正确，有无唱读、顿读现象；评价的形式则是以"笑脸"和"哭脸"的图案来反映。当孩子们得知自己要检查组员读文情况时，俨然成了一位要求严格的小老师，他们根据评价表上的内容认真检查，而被检查的同学则两眼看着书本，小手点着汉字，聚精会神地朗读着课文。这样，每一位同学既是评价者，又是被评者，而当他们成为评价者时，就是一次积极参与同伴学习的过程，这个过程既是参与合作的过程，又是学习提高的过程。此外，我们还加强家校联系，让家长知道我们运用评价表的目的，明白我们的评价重在让孩子看到自己的点滴进步，让孩子体验到成功的喜悦，激发孩子学习语文的积极性，帮助孩子树立学习的自信心。

2. 案例反思

在训练朗读的过程中，我们坚持以激励为主，一句鼓励的话语，一个真诚的微笑，一个夸奖的手势，一个肯定的眼神，一个轻轻的抚摸等，这些有声的或是无声的评价牵动着学生的心，这是被评价者容易接受的评价形式，一段时间下来，学生朗读的积极性明显提高了。

朗读指导既是语文教学中不可或缺的重要内容，又是语文教学的重要环节，它用有声语言来准确地传达文本的思想和情感,它是促进课本语言内化的重要手段,因而训练好朗读对语文教学是事半功倍的好事情。朗读训练既不可操之过急,也不能流于形式,而是要从落实朗读的基本要求做起,在课堂中给学生以充足的时间扎扎实实地练习,让学生在读中有所感悟,在读中受到来自文本的情感熏陶。低年级是孩子积累语言素材和培养语感的重要时期,教师应根据低年级学生的年龄特点和实际情况,帮助学生形成正确的朗读方法,并采用不同的朗读方式、不同的评价方法、新颖活泼的语文课外活动,激发学生朗读的欲望,让学生由原先"要我读"转变为"我要读",从而使学生形成主动读文的内驱力,从一句句动听的话语中感受朗读的无穷魅力。

(撰稿人:钮文青)

案例四 阅读—改编—表演,促进学生深度阅读
——巧用语文教材编演课本剧

一、案例实录

1. 案例背景

阅读是人类获取知识的一种重要途径,通过阅读可以增长见识,开阔视野,培养审美情趣,提升人格修养。阅读本身就是一种学习的过程,对于处在学习初始阶段的小学生而言,如何从小培养阅读的习惯、学会阅读的方法、提高阅读的兴趣十分重要。特别是在作为母语的语文学科方面,阅读能力的养成已经成为语文学习必备的核心素养之一。但是在实际教学中我们经常会遇到这样的困惑:对于老师教过的课文,学生能阅读、能理解,但是一旦让学生自己独立阅读文章,学生就无所适从了,不知道该怎么读,如何悟。如何改变这种普遍存在的情况呢?

2. 案例描述

如果把语文课堂看作培养学生阅读能力的主要阵地,语文教材无疑就是它的重要载体。那么,在日常的语文课堂教学中,该如何利用现有的语文教材有效培养学生的阅读能力呢?我以《将相和》一课为例,谈谈在阅读教学方面的探索与实践过程。

《将相和》是一篇经典的语文课文,以战国时期的秦赵对抗为故事背景,由"渑池相会""负荆请罪"这两个历史故事组成。教学的重点是通过课文的学习,关注人物的言行描写,体会赵国上卿蔺相如顾全大局和廉颇勇于认错的崇高品质。

为了充分利用教材，培养学生的阅读能力，我精心设计了各个教学环节，把整篇课文的教学分为两个课时，第一课时主要引导学生通过深入自读课文，理清课文的脉络，自读自解两大疑问：蔺相如究竟是一个怎样的人？他为什么想方设法回避廉颇？第二课时的教学重点则以"负荆请罪"这个故事为蓝本，合作改编剧本，以表演课本剧的形式，进一步引导学生学习阅读课文的方法，体会人物品质。课堂实录如下：

师：（出示负荆请罪的图片）请同学们联系图片内容，说说"负荆请罪"是什么意思。

生：就是背着荆条上门请求责罚。

师：（出示课文最后一小节）课文最后一小节就写了这个场景，请一位同学读一读，找出描写请罪场景的句子。

（学生读句子）（出示句子）

师：我们今天就要一起合作演一演这负荆请罪的场景。怎么才能演好呢？我们曾经学过《晏子使楚》这篇课文，并尝试把它改成剧本来表演。看看课文中的这两句话，如果要改变成剧本，缺少了什么内容？

生：缺少了人物的对话。

师：今天我们根据课文内容，展开合理想象，补充人物对话，编一编剧本。

（出示剧本）想一想：廉颇主动上门请罪，两个人当时会说些什么？

生：廉颇会向蔺相如承认错误。

生：廉颇会要求蔺相如惩罚自己。

生：廉颇希望和蔺相如重归于好，共同保卫赵国。

师：同学们能够联系课文，展开丰富的想象，非常好。作为剧本，我们在补充人物对话的同时，还需要注意些什么呢？

生：还可以加上人物的表情、动作。

师：请同学们拿出课堂练习纸，两两合作，分配一下角色，展开想象，写一写廉颇和蔺相如的对话，再来演一演，一会儿我们来交流。

（学生先写剧本，再自己排演）

师：请一组同学上来表演，同时我把他们写的剧本也投影给大家看。大家看完了以后，可以发表自己的意见。

（学生表演）

生：廉颇作为武将，平时说话肯定很直接，不会拐弯抹角的。

师：你能够通过人物的身份联想到人物说话的语气，这点非常可贵。

生：廉颇把之前发生的事情又说了一遍，其实他们双方都清楚这些事实，在请罪的时候就没必要再重复一遍了，否则就显得太啰唆了。

师：很好，我们在改剧本的时候要注意陈述的对象，双方都知道的事情没有必要再重复一遍。

生：同学演的蔺相如给我的感觉是高高在上的，他原谅廉颇不是为了挽回自己的面子，而应该是为国家着想，否则就不能体现他的顾全大局了。

师：你读懂了课文，这个故事主要表现的不是解决两个人的个人恩怨，两个人和好应该是出于保护国家的目的。所以在表演的时候，无论是语言、动作还是表情，都应该充分考虑人物身上的特质。

生：我觉得廉颇在称呼蔺相如的时候是直呼其名的，这不是很合理，因为课文中写的是蔺相如官职比廉颇高，应该称"蔺上卿"更合适。

师：你很仔细，课文中这么细小的地方你都注意到了，的确是这样，古代等级分明，下级是不能直接称呼上级名字的。你的意见提得非常好。

师：刚才同学们针对剧本和表演提出了非常好的意见，这是大家认真读课文的结果。下面请同学们重新调整一下剧本，然后再来演一演。

（学生修改剧本，再请一组同学上台表演）

师：刚才我们借助阅读课文，把课文改编成了课本剧，然后进行表演，更深刻地体会到两位主人公身上所具有的品质。其实，这也是一种学习语文的好方法。

二、案例分析

1. 案例解读

（1）编排课本剧有助于激发学生的阅读兴趣

小学生的年龄特点决定了他们好玩好动，如果只是一味地要求学生正襟危坐在课堂里咬文嚼字，就会让语文课堂变得索然无味，不利于学生有效地学习语言文字。久而久之，学生对于语文学习及阅读就失去了兴趣。在语文课堂教学中，教师可以根据语文教材本身的特点，充分利用学生的表现欲和表演欲，结合语言文字训练，组织学生通过表演，使语言文字栩栩如生地展现在他们眼前。如《将相和》这篇课文，它本身是一篇历史课文，叙事性很强，人物的性格特点也非常明显，非常适合进行课本剧的改编。在上课之前，我就告知学生要表演"负荆请罪"这个故事，最后还要评比展示，学生上课的积极性一下子就被调动起来了。等上完课以后，课堂上没有机会表演的同学意犹未尽，纷纷向我表示要利用课余时间进行排练，强烈要求在班会课上进行全班表演。我表示大力支持，同时也鼓励学生通过合作的方式运用课堂上的方法把学过的一些课文编成剧本，期末的时候进行一次课本剧汇演。学生们果真行动起来，自己分小组，选课文，编剧本，挑角色，活动开展得像模像样。我把学生们编的剧本放在学校橱窗里展示，表演的片段和照片发到微信班级群里，得到了家长们的好评。学生们因为编排课本剧不仅爱上了语文课，更是对阅读产生了极大的兴趣。利用编排课本剧的形式，大大丰富了学生的阅读体验，提高了学生的阅读兴趣。

（2）编排课本剧有助于提高学生的阅读水平

由于小学生缺乏一定的生活阅历，以及受知识水平、理解能力限制，他们的阅读往往停留在较浅的层次，对于语言文字的敏感度也比较低。而课本剧为学生的语文学习搭建了一座桥梁，把学生自己的生活经历与课文内容联系起来。学生在表演中融入自己对教材的感悟，表演的过程也是琢磨课文、推敲语言、体验情感的过程。通过课本剧的表演，课文的思想内涵和语言形式能够生动地转化为学生个体的亲身经历和自我认识。为了表演得更生动，学生不厌其烦地朗读课文，一遍一遍地练习表演。学生在表演时完全融入角色中，再现了课文情景，同时渗入了自己的言行。编演过程对学生知识和能力的要求是多方面的，如《将相和》一课在编排"负荆请罪"这个课本剧的时候，需要学生对历史知识有所了解，其中包括人物关系、礼仪知识、乐理知识、战争知识等，这些在课本上是没有的，需要学生自己课外拓展阅读。为了能够真实地再现课文中的情景，学生们通过各种手段收集相关资料，并进行了深入广泛的阅读，大大提高了阅读的深度和广度，也加深了对课文的理解。另一方面，剧本大部分是对话，而对话语言要规范、用词要准确，还要与人物性格相符合，这些要求的落实都需要学生有较扎实的语文基础知识，编演过程是学生主动学习语文基础知识的过程，也是语文核心素养得到提高的过程。

2. 案例反思

（1）编排课本剧应从教材入手

编排课本剧首先要考虑的是选用合适的教材，如故事情节性强、文字巧妙精练、人物性格突出的叙事性课文或寓言故事、成语故事等可以作为首选的对象。而诗歌、散文或说明文等，则不太适合编排课本剧。同时，还要注意学生的年龄和认知特点，低年段学生可以选用较为简单的童话故事，中高年段学生则可以考虑历史故事、神话传说或记叙文等。只有选对了教材，才能最大限度地发挥教材的语言文字魅力，吸引学生投入阅读活动中去。

（2）编排课本剧需控制节奏

编排课本剧的教学方法的确有助于语文阅读训练，但是因为每学期课时总量的限制，学生平时的学习时间和精力也非常有限，所以课本剧教学手段在小学语文教学中应该有一定的限度，不能刻意追求效果和形式，也不能过度追求数量，而忽视了其真正的目的。因此，编排课本剧一定要根据实际情况灵活调整运用，才能使其发挥真正的作用，起到促进语文学习和阅读的效果。

（3）编排课本剧需要教师引导学生拓展阅读

编排课本剧当然是以学生现有的教材为主要媒介，充分利用教材中的语言文字作为改编的依据。但是，由于教材篇幅的局限，有些与中心思想关系不大的内容可能会被简化或省略。为了能够使课本剧中的人物更丰满，剧情更丰富，在帮助学生改编课本剧的同时，需要教师引导学生收集课外的补充资料，为改编课本剧服务。在这个过程中，学生寻找材料、甄别筛选、文字整理等阅读能力又一次得到提升。

编排课本剧看似不复杂，好像只要学生演得热闹有趣就可以了，那就实在偏离了教学初衷。其实，编排课本剧只是一种教学手段，目的是要激发学生的阅读兴趣，使其浸润式地进行阅读。教师在这个过程中，既要引导启发学生，又要帮助指导学生，让教材为学生的阅读服务，引导学生关注文本，关注作者的描写方法。只要教师在日常教学中运用得当，编排课本剧的方式一定能够有助于学生提升对于文本的感悟与理解，进而爱上阅读。

（撰稿人：沙惠健）

案例五：童言稚语，我手写我心

——合理利用教材，指导作文教学

一、案例实录

1. 案例背景

陈鹤琴先生一贯主张课程与方法都是达到目的的工具，儿童是教育的主体。他认为，儿童、教材和教师是教育的三大要素，教师要先测量儿童的个性，清楚自己希望他们达到什么样的目标，然后选择最适宜的教材，使用最适宜的方法。他主张："大自然、大社会都是活教材。"

在作文教学中，我着重帮助学生学会通过课本教材来寻找合适的作文材料，用自己的语言表达自己最真切的情感。我告诉学生，如果能凭借教材合理想象，就能"让教材也成为你的写作素材"。教材是学生获取知识的重要途径之一。因此，若能凭借教材合理想象，学生的创造思维和创造力会得到充分的表现。

2. 案例描述

《繁星》是著名作家巴金的作品，作者在三个不同的时间段，在不同的地点看到漫天繁星的景象，产生了不同程度的内心感受，表达了爱母亲、爱家乡、爱祖国的思想情感。像这一类文章，以前通常会布置的作业就是背诵一些精彩的片段，或是进行一段有关景色的描写。学生往往像小和尚念经似的，摇头晃脑背诵着那些美文；拿起笔写一段空洞而不切实际的景色描写。这样的作业，真的能让学生学以致用，发挥语文工具性、人文性的作用吗？

爱因斯坦的一句话给了我启发：想象力比知识更重要，因为知识是有限的，而想象力可以概括世界上的一切。设计一个让学生感兴趣、能想象、会发挥的作业，这样不仅可以"温故"，而且还能"知新"，最终达到"创新"。

我制作了一个简单的多媒体画面：浩渺的天空，繁星点点，那闪烁的星星令人浮想联翩。望着这梦幻般的夜空，你产生了哪些联想呢？

生：我看到了漫天的星星像是在和我说话，跟我捉迷藏！

生：我看到的星星一闪一闪的，好像在和我打招呼呢！

生：你们说得都不错，但是这些都是书上所描写过的。我看到的是一颗颗闪闪发亮的水果糖，如果能让我一次吃个够，那该多好啊！

师：你的想象力真丰富，一个人吃够后有没有想到过别人呢？

生：送到敬老院，和孤老一起分享；送去孤儿院，让那些孩子们和我们一起感受人间的温暖。

生：我要把它串成一根项链，当作生日礼物送给妈妈。

师：对呀，想象离不开情感，只有对生活充满激情的人才能合情合理、富有诗意地想象。

生：漫天的繁星好像是一个个星孩子在告诉我它们家族里发生的新鲜事。

师：是不是就像每天晚上在饭桌上你和爸爸妈妈谈论学校里发生的事一样呀？

生：是呀，它在告诉我考试得第一了，妈妈送给它的礼物是iPad，这可是连我都梦寐以求的哦！

生：看，它正举起手臂，向我表示它是家族中的大力士呢！

师：说得真好！大胆地想象，虚构出故事的情节，把自己放入你所看到的画面中，可以让你的文章更精彩。

生：这闪动的画面，真的让我看得眼花缭乱。大颗的星在给夜行的人指路，小粒的星在告诉我明天是晴朗的天气，就放心地去参加运动会吧，而且我还觉得它们就像是每天在身边照顾我的父母及长辈们。

生：星星们还挺敬业的呢，它们像在夜空中值班的卫士。

师：借助已有的表象，运用想象和引申，真的可以构成这一幅幅五彩缤纷的画面。

生：看，星星在闪动，它躲到云层后面，我找不到它了。可是我不管走到哪里，它都是跟着我的。哎，没有办法，只得认输了。

生：突然，它们其中的一颗星猛地一闪。哦！我明白了，它在告诉我一个好消息，它现在是族群里的国王！我拼命眨着眼睛为它祝贺！

生：偶尔有一两颗流星划过天际，看着它，我会悄悄地许下一个心愿，伴着它飞向天边。盼望它让我美梦成真。

生：它们闪闪烁烁，若隐若现，它们在天空中似乎在对我眨眼，述说近日嫦娥的趣事。哦！我听懂了，嫦娥在学外语哩！

…………

看着课件演示的画面，随着教师的点拨，学生的思维迸发出创造性的火花，他们津津有味地交流着各自的感受,同时一篇篇生动有趣的作文在他们的笔下诞生了。

二、案例分析

1. 案例解读

（1）给一片蓝天,让学生自由飞翔

兴趣是成功的动力,兴趣是学生作业的内驱力。丰富多彩的活动,激烈有趣的游戏等等,这些都是能激起学生投入地去完成作文的动力。最能使学生感到生动有趣的作文是让他们展开丰富的想象力,发表自己独特的见解,在创新的天空中自由飞翔。童年,是充满幻想的岁月；儿童,是天生的浪漫主义诗人。有效地利用这一大优势,为他们搭建一个想象的舞台,创建一片想象的天空,他们就能尽情地挥洒,自由地飞翔,创作出一篇又一篇富有想象力的作品。

（2）童言稚语,我手写我心

从学生的习作来看,一方面他们以教材为依托,有了写作的人物、事件,写出的文章有血有肉,生动有趣；另一方面又充分体现了每个人不同的想象能力和个性。有的文章流露出内心对真诚的友谊的赞美和向往,有的则表达了对事物要一分为二来看待的观点。教师在教学中一定要鼓励这种发自内心的语言表达,文章要"多就少改",这样的作文教学,是把重点放在激发兴趣和开拓思路上,而不是放在对某一篇作文的仿写或怎样体现重点训练项目上。

2. 案例反思

（1）选文要合适

不是每一篇教材都能用来进行读写结合,关键要看文本是否有延伸的空间和价值。另外,选文是否吸引学生,能否激发学生的写作欲望也是合理利用教材、实施作文教学的依据之一。

（2）延伸课外阅读,奠定读写基础

学生写作能力的培养不能仅仅局限于学校这个第一课堂,还应该注重课外的充实,为学生组织丰富多彩的课外读写活动,鼓励学生大量阅读,增加知识储备量,在写作时就能够找到更多的灵感,信手拈来更多的素材,从而促进写作水平的提升。

（撰稿人：顾玮）

第二节　数学学科素养的理论阐释与实践案例

数学是研究数量关系和空间形式的科学。数学与人类发展和社会进步息息相关，随着现代技术的飞速发展，数学更加广泛应用于社会生产和日常活动的各个方面。数学作为对于客观现象抽象概括而逐渐形成的科学语言与工具，不仅是自然科学和技术科学的基础，而且在人文科学与社会科学中发挥着越来越大的作用。因此，同语文学科一样，数学也是重要的基础性学科，数学思维的养成对于学生一生的发展都具有重要意义。

一、数学学科素养的理论阐释

小学阶段数学课程实施目标为：获得适应未来社会生活和进一步发展所必需的重要数学知识（包括数学事实、数学活动经验）以及基本的数学思想方法和必要的应用技能；初步学会运用数学的思维方式去观察、分析现实社会，去解决日常生活中和其他学科学习中的问题，增强应用数学的意识；体会数学与自然及人类社会的密切关系，了解数学的价值，增进对数学的理解和学好数学的信心；具有初步的创新精神和实践能力，在情感态度和一般能力方面都能得到充分发展。从这一目标体系出发，我们认为，可以从数学人文、数学思想和数学意识三个维度界定小学数学学科素养。

通常情况下，数学人文主要是指要让学生对数学一直充满热情与兴趣，使学生能够真正体会到数学的魅力，愿意花费更多时间学习数学，能够与数学之间产生较深情感。数学人文特别注重让学生一直拥有学习数学的热情与动力，让学生体会到数学的美妙之处，从而不断学习数学，表现出对数学的喜爱之情。具体操作方法如下：学生在学习数学过程中遇到困难时，老师要给予学生帮助，让学生慢慢进行学习，打消学生放弃学习数学的念头；在不断学习数学的过程中，感受数学的内涵与魅力，从而积极主动投入学习数学当中。

数学思想主要包括抽象、推理以及建模三部分。通常情况下，会将理性魅力与智慧魅力作为数学思想的融汇点。想要使小学生数学思想得以提高，需要调动学生学习数学的积极性，让学生对数学充满兴趣，始终保持学习热情。老师应在数学思想引导下帮助学生，让学生对数学有更深刻的理解。在提升学生数学能力与学习效率的同时，使学生会学数学，能够根据逻辑思维推理出更为困难的数学问题，进而使学生能够应用自身所学解决日常生活中遇见的问题。

数学意识的主要内容是帮助学生构建数学学习基本框架与数学理论知识，然后再利用数学知识解决人们日常生活工作中面临的问题。在小学数学课堂中，老师教导学生利用数学知识解释生活中的现象，最终构建出属于自身的数学解构形式。这需要学生首先对数学符号与图示有充分的了解，不断提升自身的运算能力；其次熟练掌握数学理论知识内涵，进而使自己的生活朝着理性化、数学化方向发展。①

二、数学学科素养的教学案例

案例一：教学相长，不断夯实低年级学生学习基础
——多措并举提高零起点学生计算能力

一、案例实录

1. 案例主题

每年9月，都会有一群天真可爱的孩子走进小学校园，开启他们长达十多年的求学生涯。这些孩子中，有的已经对低年级数学知识有所了解，也拥有一定的计算能力，极个别的可能达到了三年级的知识水平，当然也有一部分孩子是"一张白纸"。

2. 案例描述

涛涛的家长在其幼儿阶段没有让他接受过任何知识性的学习，就数学学科而言，他仅仅认识阿拉伯数字，会数数……第一个月的学习准备期，涛涛的学习态度、学习习惯以及课堂表现都不错。他能专心听讲，主动举手回答问题，也非常愿意在课堂上和小朋友们一起交流讨论。这样的涛涛在老师和家长的眼中，无疑是一个对学习表现出极大兴趣的好学生。学习准备期过去后，马上进入系统的数学学

---

① 邵秀芹.小学数学核心素养的构成及培养方式阐述［J］.中国校外教育，2019（6）：28-29.

习，涛涛的自信心竟然立刻被打压了，他变得害怕数学，越来越显现出畏难情绪。随之，学习表现开始跟不上班里大多数的孩子。这一切只因为他计算能力太"弱"了。一年级第一学期主要学习20以内的加减法，由于大多数孩子在学前已经有了一定的基础，所以能够很快领会我在课上所教的计算方法，也能够在较短时间内提高计算速度。而正因为涛涛的"零起点"，虽然他的学习愿望很强，也非常努力地去学习，但在与这些孩子的对比之下，他明显"落后"了。10以内的加减法，他还能够勉强用扳手指的方法来解决。当学习进度到了20以内加减法时，涛涛就明显力不从心了。当20以内的加减法全部教学完成后，经过练习，大多数孩子每分钟能够做对10题以上，最快达到17题，而涛涛每分钟只能做对5题。

涛涛很急，渐渐表现出焦躁情绪。家长更急，开始质疑响应"零起点"教育观念的做法是否正确。于是，家校双方坐下来沟通。我安慰家长，孩子现在的情况只是暂时性的，我们要做的是引导孩子进步。首先要帮助孩子牢固掌握计算方法，然后寻求有效的练习模式，希望能够尽快提高孩子的计算能力。只有这样，涛涛才能找回自信，才能对今后的数学学习充满兴趣。

二、案例分析

1. 案例解读

通过与涛涛父母的沟通，我们商定了教学策略，这需要家校密切联系，主要从教学与练习两个方面入手，其次也要培养良好的计算习惯，希望帮助涛涛提高计算能力。

（1）加强和改进口算教学

要提高学生的计算能力，就要努力寻求适合孩子理解的算理，研究出扎实又不失活泼的计算训练方法。学生学习计算时，只有明确算理，掌握算法，才能灵活、简便地进行计算。因此，对于涛涛这样毫无学前基础的孩子，在教学时，我以更清晰的理论阐述指导他理解算理，在理解算理的基础上掌握计算方法，真正做到不但"知其然"还要"知其所以然"。在平时的课堂教学中，我经常采用直观教学手段，让学生通过摆小圆片等操作活动来初步感悟算理。

例如，在教学一年级第一学期"20以内进位加法"中的"9＋5"时，我提供给涛涛9个蓝色小圆片和5个红色小圆片，要求他用自己喜欢的方法摆一摆小圆片，并说一说"我是怎样摆的，结果是多少"。他在动手摆、动口说的过程中，很容易就想到把5分成1和4，第一行10个摆满了，第二行有4个，一共有14个，所以9＋5＝14。我再问他"做这样的加法题，什么最重要"时，他就能马上得出"凑十最重要"的结论。通过这一系列的活动，在理解算理的基础上逐步抽象、概括出口算方法。在这个操作、观察、思考、表达的训练过程中，学生的手、脑、口等多种感官都活动了起来，为操作过程上升到口算方法的理论表述建立了表象。

没想到的是，在帮助涛涛解决了"20以内进位加法"这个教学难点之后，在学习"20以内退位减法"时，难点居然迎刃而解了。例如"14－5"，他会根据"做加法要凑十"这个窍门自然而然地想到，做减法时也可以先减到十，于是就可以"把5分成4和1，先算14－4＝10，再算10－1＝9"。同样让孩子经历"摆、想、说"这样一个过程，可以使其对退位减法的算理掌握得更牢固。

（2）进行长期、有效的口算训练

认知心理学研究认为，促使一般操作技能的掌握和智力操作技能的形成，所需要的条件是不一样的。如打铁等一般操作技能的掌握，只需要机械地重复练习，而计算这样的心智操作技能，就必须开展以积极的、灵活的思维活动为主的练习，才能逐步形成。所以，为了促进学生熟练掌握计算的技能，加强练习是十分必要的，练习时要注意科学性，讲求实效。在讲清计算方法之后，要运用多种练习形式，使学生更加熟练。

① 集中练习与分散练习相结合

我在教授计算单元的同时，进行同类型计算的集中练习，强化学生训练以达到熟练、正确；而在教授其他内容的时候，新旧内容穿插，进行分散的交叉混淆训练。如二年级上学期学习乘除法单元时，很多孩子已经会背乘法口诀，而涛涛照样是从零学起。我要求家长配合，每天学习后先针对每一个数的乘法口诀对涛涛进行单独的强化训练，一段时间之后，再把整个乘法口诀以及乘除法混在一起进行训练。这样做的目的是要培养他判别计算类型的能力。因为计算能力不仅包括计算的准确性、敏捷性，还包括计算方法的合理性、灵活性。而计算方法的合理性、灵活性又是计算教学中的一个重要方面。计算时，要认真审题，多思善想；根据题中运算顺序和数字特点灵活合理地选择算法，熟练进行计算，从而进一步提高计算的正确率，达到加强巩固的练习目的。

② 短时练习与长时练习相结合

针对每个单元的教学内容，我制定了每个月的口算训练内容。每个月的训练内容都有所不同，制定训练内容的根据一是教学内容，二是涛涛尚且薄弱的地方。每天课前进行两分钟的短时口算练习，总共32题。这样的短时练习既热了身，又为新授课作了铺垫。课后的回家作业也安排10分钟左右的一个长时练习。训练之后，及时批改，及时反馈，找出易错之处，进行强化矫正训练。

③ 规定练习与自主练习相结合

低年级儿童有好奇、好动、好胜的心理特点，我在课堂上给予学生尽可能多的练习时间，利用有趣的数据、巧妙的算法、新奇的形式设计计算练习。在家里，家长也通过一些奖惩激励手段，培养涛涛练习计算的直接兴趣，使他不但在学校兴趣盎然地进行集体练习，而且在课外也能自觉自主地进行口算练习。

（3）培养学生良好的计算习惯

要提高涛涛的计算能力，除了要帮助他真正理解算理、熟练掌握算法之外，还要帮助他养成良好的计算习惯。计算习惯的欠缺主要有以下几种情况：

一是审题习惯差，往往只看了一半就动手去做；

二是书写不规范，数字、运算符号写得潦草，抄错数和符号，如把"0"写成"6"，把加号看成减号；

三是没有验算习惯，题目算完了事，因此同一次练习中，对于同样性质的题目，有的可能算对了，有的可能算错了。

所以，要想提高学生的计算能力，就要培养学生的计算习惯。在教学中，要对学生提出严格的要求。除此之外，还要教给学生一些方法。如计算的检查方法，一对抄题，二对竖式，三对计算，四对得数；审题方法，先看一看整个算式，应按怎样的法则进行计算，再看一看有没有特殊的数字，是否需要用简便方法计算。

在家校配合下，第一学期涛涛就能在期末的"计算比赛"中得到"计算进步星"的称号。到了第二学期，他的计算能力已经在班级中名列前茅，更是获得了"计算大王"的荣誉。这样的案例也更加说明，"零起点"的孩子同样能够学得很快很好，根本就不存在"输在起跑线"的说法。

2. 案例反思

这个案例取得了一定的成效，不但涛涛的计算能力得到了明显的提高，教师的教学理念和教学方法也得到了一定的提升。其实在教学中，我们并不需要为了追求学生口算速度而拼命使用加大练习量这种只注重结果的做法。通过实践，我们发现在重视计算结果和重视计算方法两者之间是可以找到平衡点的。例如，在教授三年级学生"因数末尾有0的乘法"时，学生对此项知识内容已经"默会"了，那么还有讲清算理的必要吗？教学时发现，学生虽然"会算"，但大多不知"为什么可以这样算"。我在讲清算理后惊奇地看到，学生的计算能力得到了大幅度的提高。而他们在计算的过程中，又进一步巩固了此知识点的算理及算法，真正做到了"知其然"并"知其所以然"。

当然，提高学生的计算能力是一项细致的、长期的工作，除了要做好以上几方面的工作外，教师还应该对学生计算中出现的问题及时加以解决并认真分析错误原因，找出规律。

（撰稿人：曹轶珺）

案例二：小学生计算能力的培养
——"乘法分配律"教学设计

刘萌华

小学数学教学的一项重要任务就是培养学生的计算能力。为了使学生能正确地、迅速地进行整数、小数和分数的四则计算，一要讲清算理和法则；二要讲清四则混合运算的顺序；三要讲清运算定律的意义；四要加强基础知识教学和基本技能训练；五要有计划地组织练习。

小学阶段的运算定律教学是第二学段数与代数学习领域的重要内容，是学生探索数学定律、法则的开始；运算定律的理解和掌握对学生正确全面地理解数学和数的运算有着重要的作用。四年级数学教学内容主要包括加法的交换律、结合律，减法的性质以及乘法的交换律、结合律和分配律。这几个定律对于整数、小数和分数的运算同时适用，用途很广泛。

我们通过教学实践发现：在所有运算定律教学中学生最难掌握的是乘法分配律。教学时，可举学生熟悉的事例，并配合画一些直观图加以说明；在理解的基础上，要求他们理解并牢记定律的意义；要求他们会用字母表示定律；

使学生能根据运算定律进行简便运算；启发学生根据题目的数字特征进行简便运算。为了提高学生的计算能力，还可以指导学生变化一些题目的运算顺序和形式，使计算更加简便。下面就结合教学实践谈谈我的相关练习设计及意图。

第一课时：

一、填一填（在□里填上合适的数，在○里填运算符号）

（1）（42＋35）×2＝42×□＋35×□

（2）27×12＋43×12＝（27＋□）×□

（3）15×26＋15×14＝□○（□○□）

（4）72×（30＋6）＝□○□○□×□

（5）（85－13）×29＝□×29－□×29

（6）60×A－30×A＝（□○□）○□

二、在每组结果不同的两个算式后面的括号里打"×"，并回答问题

（1）32×48＋32×52

　　　32×（48＋52）　　　　　　　　（　）

（2）（40＋28）×5

　　　40×5＋28　　　　　　　　　　（　）

（3）8×（125＋1250）

　　　8×125＋8×1250　　　　　　　（　）

（4）（10×125）×8

　　　10×8＋125×8　　　　　　　　（　）

（5）4×163－4×63

　　　4×（163－63）　　　　　　　　（　）

比较第（1）（3）（5）三个式子，哪一个式子计算比较简便？

三、应用：仔细阅读下文，并回答问题

光明小学的操场是一个长方形（如图4-1所示），长75米，宽32米，扩建后，宽增加8米，求扩建后的操场的总面积有多大？

（1）小胖的算法：先求原来的面积，再求增加

图4-1

的面积,最后求扩建后的总面积,列综合算式并计算。

(2)小巧的算法:先求扩建后宽的长度,再求扩建后的总面积,列综合算式并计算。

(3)观察他俩的综合算式与计算结果,恰好证明了(　　)律。

(4)如果由你自己决定宽增加的米数,你还能写出一些类似上面(1)(2)方法的算式吗?

这一课时的练习设计体现出乘法分配律的运用不仅仅是传统意义上的简便计算,练习的层次递进体现出思维层次的深入,是运用运算定律解决问题的数学思考活动。三个题组代表了三个不同的思维层次,第一个题组"填一填",是基本的模仿性练习,目的是让学生巩固乘法分配律中各个数字和运算符号的正确位置。第二个题组根据乘法分配律作正向、逆向的运用,目的是提高学生思维的灵活性。在这题后面又加了一个问题,即通过每组两个式子的比较,让学生体会到灵活运用乘法分配律能使计算更加简便,一题多用,提高题组的训练效能。第三个题组"应用",借助几何直观,在"式"与"形"的结合中,使学生初步感知乘法分配律这一数学模型;以丰富学习材料的呈现方式,拓宽学生解决问题的视野,通过"式"与"形"的一一对应,实现有效建模。

第二课时:
一、判断:下面的算式运用了乘法分配律,正确的打"√",错误的打"×"
$(7+8+9)\times10=7\times10+8\times10+9$　　(　　)
$12\times9+3\times9=12+3\times9$　　(　　)
$(25+50)\times200=25\times200+50$　　(　　)

$101 \times 63 = 100 \times 63 + 63$　　　　　　　　　（　　）

$98 \times 15 = 100 \times 15 + 2 \times 15$　　　　　　　（　　）

二、填空

如果 $a \times 15 + 85 \times a = 3700$，那么 $a = ($　　$)$。

算式 $□ \times (△ + ○) = 230$，如果 $□ \times △ = 80$，则 $□ \times ○ = ($　　$)$。

小亚把 $(a + 9) \times 8$ 错算成 $a + 9 \times 8$，她的结果与原来相差（　　）个 a。

小丁丁把 $5 \times (A + 4)$ 错算成 $5 \times A + 4$，他算出的得数与正确答案相差（　　）。

三、利用运算定律计算下面各题

$94 \times 67 + 94 \times 33$　　　$103 \times 35 - 3 \times 35$　　　$79 \times 27 + 22 \times 27 - 27$

101×38　　　$125 \times (80 + 8)$　　　$230 \times 3 + 23 \times 70$

$148 \times 55 - 63 \times 55 + 83 \times 45$　　　$25 \times 46 + 50 \times 27$

　　这一课时的练习设计，一是帮助学生构建起正确、规范的乘法分配律的概念，厘清乘法分配律的内涵。二是注重从不同的角度开拓学生对乘法分配律的认识。虽然教材只说了乘法分配律的标准格式，但任何一项学习都不是孤立地存在的，都有深化与拓展的领域，深化与拓展不仅是对乘法分配律的认识的提升，更是学生真正理解知识、运用知识、提升自我思维能力的需要。同时，经过这样一个过程，相信学生对乘法分配律的认识会更加深刻、全面。三是有意识、有计划地呈现变式类型，引导学生认真审题，通过比较辨析，强化理解，逐步把握乘法分配律的本质内涵，在简便计算时能以不变应万变。

　　另外，要及时发现学生在计算中出现的问题，分析问题产生的原因，找出规律并加以解决；要重视培养学生良好的审题、做题和验算的习惯。

（撰稿人：刘萌华）

案例三：一瓶水的一半是什么？
——论图解法在数学应用题教学中的应用

一、案例实录

"一个装水的瓶子，把它平均分成两份，每份是什么？"

如果你在生活中这样问孩子，恐怕得到的回答都会是"半瓶水"呀！但在数学应用题中，这样的回答是不正确的。

题目是这样的：一瓶水连瓶重1千克，喝掉一半的水以后，剩下的半瓶水连瓶重600克。求瓶重多少千克？瓶中的水重多少千克？

学生的列式有以下几种：

求水的重量：（1000–600）×2；求瓶的重量：1000–800=200（克）
  =400×2
  =800（克）

求瓶的重量：600×2–1000；求水的重量：1000-200=800（克）
  =1200–1000
  =200（克）

求瓶的重量：600–1000÷2；求水的重量：1000–100=900（克）
  =600–500
  =100（克）

第一、第二两种方法都是正确的，第三种方法中的"1000÷2"就是把装水的瓶子整个一分为二的思维。

"1000÷2"表示什么意思？我问过做错的孩子，他们都认为是"半瓶水"，而没有意识到"1000÷2"是半个瓶和半瓶水的组合。

在课上我利用分析法和数量关系，帮助第三种列式错误的学生分析所存在的问题，反复强调"1000÷2"是半个瓶加半瓶水，但这些学生课后还是不甚理解，如果换了数据和问题情境，他们又会出现同样的思维错误。

二、案例分析

为什么经过这样的分析后，学生仍然不能理解呢？课后，我思考用其他方式来帮助学生更好地认识和理解这道应用题的解题思路，后来发现用图解法可以更

89

直观、更有效地解决这一问题。

因为数学知识中有一些内容用口头语言进行表述和分析比较难，而且不易理解，数学具有抽象性和逻辑性，需要合适的数学语言来帮助我们分析和思考。在这些数学语言中，图解法就是一种重要的手段。

1. 图解法的提出

著名的数学教育家斯托利亚尔在《数学教育学》一书中曾说："数学教学是数学思维活动的教学，而不是数学活动的结果。"这说明数学教学研究的核心是数学思维活动，思维是数学学习的核心。如何帮助学生形成有效的思维，就是数学教师必须研究的。

在小学数学中，有一些教学内容对于小学生来说不太容易掌握。因为在解答这些题目的过程中，学生必须首先学会将题目的语言文字转化成数学语言（即由数学的数字、符号、字母、算式组成的思维过程）。

在转化的过程中，学生是否具备初步的分析能力、推理能力、概括能力，以及初步的抽象思维等直接关系到解题能力的强弱。由于小学生的年龄特点，面对较抽象的题目时，常会感到束手无策。其实有些题目并不是很难，没有超出学生已有的知识范围，只是学生"看不懂""不理解"。

2. 图解法的意义

如何帮助学生形成有效的思维，"弄懂"题目的数量关系呢？图解法就是一个有效的分析题目并帮助解答的方法。图解法具有直观又抽象的特点，它能抓住数量关系的本质联系，清楚地把条件与问题区别开来，并形象地反映条件与问题之间的联系。

以五年级第二学期一道应用题为例：

> 一筐米，连筐重48千克，取出一半后连筐还重26千克。这只筐原来有米多少千克？筐重多少千克？

这道题从计算上来说是四年级的题型，但有些学生到了五年级仍然不太会解，问学生有什么困难，他们说一会儿"一筐"、一会儿"半筐"，被弄糊涂了。

我也尝试过用数量关系来分析这道题目，可讲了半天，思路不清的学生仍然是一头雾水。一次，我在学生的草稿纸上用图（见图4-2）来表示这一筐与半筐的关系，学生马上就豁然开朗了。

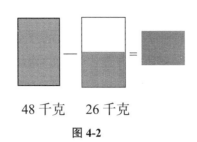

48 千克　　26 千克

图 4-2

看了图，学生马上就知道了"48 千克是一筐米连筐的重量"减去"26 千克半筐米连筐的重量"就是"一半的米（没有筐）的重量"。这样再乘以 2 就是原来一筐米（没有筐）的重量，于是一个筐的重量也就迎刃而解了。

这道题和一开始出现的那道"半瓶水"的题目，可以用一样的方法进行分析。把题意用图形画出来，其用意在于保证学生由抽象思维向具体思维转变，图是条件、问题之间的有序组合。

3. 图解法的实施

图解法是学生从抽象思维的具体思维转变的桥梁，能使学生思维更加清晰。在小学高年级的教学中，图解法是一种很好的教学分析手段。

（1）行程问题

例如，在教授行程问题时，我没有直接讲解例题，而是用一节课的时间让学生自己设想两辆车同时行驶的各种情况，由此学生自己认识到了"相向而行""同向而行""背向而行"的具体含义。

为了在今后的教学中，让学生自己掌握行程问题的基本数量关系，我还教学生逐一绘制出三种行程问题的图。（见图 4-3）

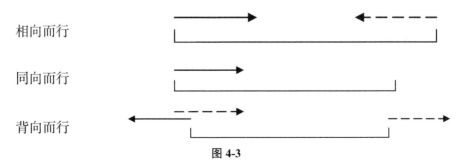

图 4-3

在后续的教学中，教师就可以运用图解进行比较直观的分析，并引导学生运用图解进行思维的拓展。

以五年级第二学期的一道题目为例：甲、乙两人骑自行车从东、西两村同时出发，相向而行，相遇时离中点12千米，甲每小时行30千米，乙每小时行38千米，东、西两村相距多少千米？学生在接触到这种类型的题时往往会感到缺少条件，其实只是甲、乙两人的相遇时间没有直接告诉我们。在鼓励学生运用图解法自己进行分析后，我同时提出了一组问题，让学生思考：

① 相遇点在中点的哪一边？

② 相遇点距中点多少千米？

③ 甲、乙两人各行驶了多少千米？

④ 甲、乙两人的行驶路程相差多少千米？

⑤ 为什么甲、乙两人同时出发，但行驶路程不同？

这样，学生在自己绘制两人行程示意图的同时，思考这组问题，就能逐渐找到解题的切入口。

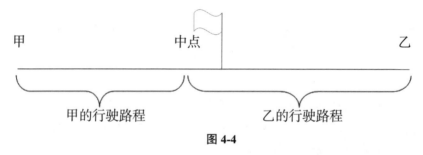

图 4-4

图解法是帮助与引导学生拓展思维的一个良好方法，但教师不能指望学生从图解中自己领悟到什么，要进行及时与系统的引导与分析，让学生学会看图，将抽象的条件转化成直观的分析，使原本零散的知识点在直观的基础上得到有机整合。

（2）平面图形

在有关平面图形的知识中，有许多是需要通过实际观察才能进一步思考的。因此，我在长方形、三角形、平行四边形、梯形等平面图形的教学中指导学生自己画图，将文字条件转化成直观图形。

例如，五年级有一道关于平面图形的题目：一个平行四边形的一条边长6厘米，另一条边长4厘米，一条高是5厘米，求这个平行四边形的周长和面积。

这道题看似简单,但由于题目中有两条边和一条高,到底哪一组是对应的底和高呢?题目里似乎没有进行解释。这时,学生画一画图就能直观地解答了。(见图4-5)

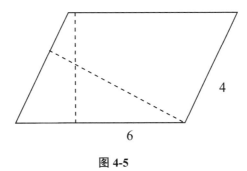

图 4-5

由于两条底边分别是6厘米和4厘米,要确定5厘米是哪一条底边上的高,只要看一看图就知道了。5厘米应该是4厘米这条底边上的高,因为如果是以6厘米为底,这条高的长度不可能比4厘米大。

借助于图解法,学生能主动地观察和思考,将题目的基本条件联系起来。

(3)长方体和正方体的表面积和体积

到了五年级,有关立体几何的知识对空间能力发展还不全面的小学生而言就更加有困难了。因此,我在教学中要求学生主动进行图解思考。

例如,五年级有一道关于立体图形的题目:一个长方体的底面是个正方形,侧面展开是一个边长24厘米的正方形,求这个长方体的体积。

学生通过图解法,明显地看出了图4-6中侧面展开的这个正方形的边长就是长方体的底面周长,正方形的边长也是长方体的高。

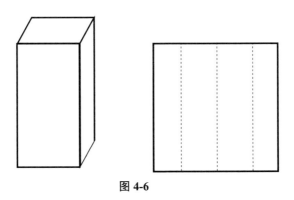

图 4-6

（4）抽象数量关系

有一道计算题：1–1/2–1/4–1/8–1/16=？

如果从计算的角度看，应先通分再计算。可如果把题目里的数据变成对应的图形，即使没有学过通分的小学生，也可以直观地分析出数据之间的关系，从而计算出结果。

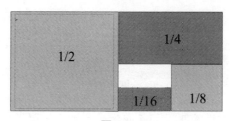

图 4-7

因为每次都是减去前一个量的一半，所以，剩下的就和这个减数一样大。

1–1/2=1/2

1–1/2–1/4=1/4

1–1/2–1/4–1/8=1/8

1–1/2–1/4–1/8–1/16=1/16

借助图形的直观分析，把依赖于计算技巧的题目转化成可以借助思维技巧的题目，可以促进学生在计算中合理思考和分析。

小学阶段，学生的抽象空间思考能力还没有达到脱离实物的程度。遇到抽象的问题时，知识能不能再现，能不能从杂乱的信息中概括出有价值的信息、有联系的知识点，就相当重要了。

图解法是帮助学生分析条件、思考、解题的"拐杖"，能帮助学生顺利地通行在数学思维的路径上。当然，让学生运用图解法解题的同时，也要让学生适当地进行抽象思维的训练，逐步摆脱图解法这根"拐杖"，能够更自由地思考、学习。

（撰稿人：吴莹）

案例四：翻转课堂，让数学好玩起来
——新课标的预习课该如何上

一、案例实录

1. 案例主题

新课标的基本理念之一即人人都能获得良好的数学教育，得到不同的发展。真正意义上的数学学习过程需要摒弃的是"他律"指导下的谆谆说教，需要彰显的是"自律"意味下的生命体征。"圆的初步认识"是四年级第一学期第五单元的教学内容，对于圆，其实学生们一点都不陌生。通过前几年的学习与生活中积累的经验，学生对圆形的物体已有了初步的感性认识，觉得圆很美，能粗线条地描述圆的特征等，教学应该建立在这些经验基础上。在研读教材、分析学情、制定本节课的教学目标之后，我决定放手让学生在课前进行预习，自学有关圆心、半径的概念，观看画圆的微视频并学习用圆规画圆。基于新课标，尽量做到学生能会的，老师不告诉，学生能实践的，老师不包办。

2. "圆的初步认识"教学片段

学生在上一个教学环节已经欣赏了生活中存在着的不同的圆，例如湖面上的涟漪、十五的圆月等，了解到圆是生活中最美的图形，生活中处处都有圆。此时我提出一个人人皆知的现象，即："车轮都是圆的吗？"孩子们都斩钉截铁地认为车轮当然是圆的。紧接着我又追问："方形的车轮难道就不可以吗？"孩子们摇头。就在这时，我让学生观看从网上找到的一则有关方形轮子的车子行驶的短新闻。孩子们看着画面上颠簸得十分厉害的车子，一个个都捧腹大笑起来。我问孩子们："看了这个新闻，你们有什么想说的吗？"孩子们一个个踊跃举手大谈自己的看法，有的也想找个机会亲身试一下，有的觉得坐在这样的车上简直是种折磨，伤不起！在学生们畅所欲言之后，我继续追问："为什么方形车轮不能平稳行驶呢？"学生们举手的热情更高涨了，都觉得自己找到了最佳答案，回答结果与我课前的猜测基本一致："因为圆没有角。"随即，我又抛出一幅椭圆形轮子的车子的图片问大家："这辆车的轮子也没有角，但是请你们想象一下，它能不能平稳行驶呢？"孩子们有的闭起双眼在脑海中想象着车子行驶的样子，有的用手比画着椭圆形的运动轨迹，有的还交头接耳地商量起来，最后他们得出一致的结论：椭圆形的车轮虽然也没有角，但是车子仍旧不能平稳行驶。此时，孩子们心中一定有了些小小的想法和触动，同时也埋下了对圆这个图形更大的求知欲，看来问题不仅仅在于没有角，为什么圆形车轮不会颠簸还需要我们从圆的特点中寻找答案。这个教学环节的设计为之后的课堂教学作了很好的铺垫。

二、案例分析

1. 案例解读

本节课其实是"翻转课堂"的一次尝试和体验，翻转课堂是一种创新的教学模式，包括现在日渐流行的"慕课堂""微课堂"等，它们改变了先教后练的传统模式，让学生先通过老师制作的教学视频自学，到了课堂上，再做一些实践性的练习，并利用学到的知识解决问题。

根据以往的教学经验，对课本上关于"圆的初步认识"的知识，学生是看得懂的，如一些概念名称、字母表示。在课堂上讲解这些内容必定要占用一定的时间，但是最占用时间的是学习用圆规画圆。现在的孩子思考能力日渐提高，相比之下动手能力及协调性等就弱了很多。因为学生第一次尝试用圆规画圆，熟悉三个重要的步骤很花时间，课堂上的35分钟时间根本不够，所以我就决定翻转一下课堂，学生能看懂的就放手让他们课前自学。那么翻转之后课堂上让孩子学些什么呢？学生预习之后并不意味着真正地理解了，在课堂上应促进学生进一步思索，以加深认识。首先，让学生选择工具画圆，以提高其对圆的本质特征的认识；其次，通过介绍墨子的名言让学生理解古人这样概括的深刻含义，"一中同长"不仅概括了圆的两个特点，还内含圆的半径的性质；最后，通过不同的任课老师画圆的视频让学生知道在生活中一中同长的运用是多样化的。这些内容是学生通过课前自学无法深刻理解的，只有通过课堂上的探讨、研究，学生才会真正地理解。

2. 案例反思

有效的学习不是告诉，而是亲身体验。这样一来新授课的主要教学目标就落实到让学生在用不同的工具动手画圆的过程中真正地体会到圆心和半径的作用以及半径都相等的特点上。

这节课我们重点培养了学生的创新思维，整节课的设计让学生不断突破自己的思维定式，从引入"车轮都是圆的吗"这一问题开始，然后播放方轮车的视频从而打破思维定式、生活常理；当学生理解圆最本质的特点之后又问道："画圆一定要定点、定长，旋转一周吗？"从而引出"圆出于方"的画圆方式，学生大呼惊奇有趣；最后通过让方轮车也平稳行驶的体验，让学生惊叹原来还可以这样，使学生在不断获得创意所带来的惊喜的同时感受到数学真的很有趣。

（撰稿人：胡荫）

第三节　英语学科素养的理论阐释与实践案例

当今世界正处在大发展和大调整的变革时期，作为一个和平发展的大国，中国承担着重要的历史使命和国际责任与义务。英语作为全球使用最广泛的语言之一，已经成为国际交往和科技、文化交流的重要工具。学习和使用英语对吸取人类文明成果、借鉴国外先进科学技术、增进中国和世界的相互理解具有重要的作用。在义务教育阶段开设英语课程能够为提高我国整体国民素养、培养具有创新能力和跨文化交际能力的人才、提高国家的国际竞争力和国民的国际交流能力奠定基础。在义务教育阶段开设英语课程对青少年的未来发展具有重要意义。学习英语不仅有利于他们更好地了解世界，学习先进的科学文化知识，传播中国文化，增进他们与各国青少年的相互沟通和理解，还能为他们提供更多的接受教育和职业发展的机会。学习英语能帮助他们形成开放、包容的性格，发展跨文化交流的意识与能力，促进思维发展，形成正确的人生观、价值观和良好的人文素养。学习英语能够为学生未来参与知识创新和科技创新储备能力，也能为他们未来更好地适应世界多极化、经济全球化以及信息化奠定基础。

一、英语学科素养的理论阐释

结合《义务教育英语课程标准》的界定和小学阶段英语学习的特点，我们认为，可以从英语学科知识、英语学科能力、英语学科方法、英语学科思维、英语学科情感等维度界定英语学科核心素养。

学科知识是特定学科中的陈述性知识、程序性知识和条件性知识的有机结合。

英语学科知识就是基于英语学科领域的知识属性和英语学习者的认知属性重构的知识，主要包括英语语音知识、英语语法知识、英语词汇知识、英语语篇知识和英语语用知识等，英语学科知识是形成英语学科素养的基本前提。

学科能力是解决特定学科问题所需的相对稳定的能力和心理特质。英语学科能力就是英语学习者在社会情境中运用英语语言理解和表达意义的能力，包括可观察、可检测、可干预的关键能力要素，如英语听力能力、阅读能力、口语能力、写作能力、翻译能力和跨文化沟通能力等。

学科方法是学习学科知识和发展学科能力所需要的方法和路径。英语学科方法就是英语学习者在英语学习过程中所使用的方法、策略、路径等，包括英语学习策略、学习投入和学习品质。英语学科方法要求学习者具备一定的英语学习能力，通过多种学习策略拓展学习内容，通过分析、综合、推理、概括等思维过程进行深度学习和建构性学习。科学有效的英语学科方法是发展英语学科素养的有力保障。[1]

学科思维是学习特定学科内容的基本思维形式和思维方法。英语学科思维指英语学习过程中形成的思维形式和思维方法，主要包括批判性思维、创新思维和逻辑思维等。语言是思维的工具，思维是语言的内核，英语听、说、读、写、译的过程，既是语言能力发展的过程，又是思维能力发展的过程。大量研究表明，英语学习可以促进比较与分析能力、逻辑思维能力、批判思维能力、严密思维能力和创新思维能力等多种思维能力的发展。

学科情感是学科学习过程中形成的对特定学科的情感态度。英语学科情感指英语学习过程中形成的对英语学科的情感态度，主要包括英语学习兴趣、学习态度、学习动机、学习自信心等影响英语学习的非认知因素。英语是可以表情达意的工具，在交际过程中被使用者赋予思想情感，通过英语实践活动，可以激发英语学习者的积极性和创造力。英语学科情感是英语学科素养得以持续发展的关键因素，保持并提高学习兴趣和学习动机等英语学科情感比发展英语能力本身更重要。[2]

---

[1] 陈艳君，刘德军. 基于英语学科核心素养的本土英语教学理论建构研究 [J]. 课程教材教法，2016（3）：50-57.

[2] 马利红. 英语学科核心素养内涵探析 [J]. 基础外语教育，2019（2）：3-9.

英语学科素养框架中的各要素是有机融合的统一体：英语学科知识和英语学科能力是英语语言运用能力的基础，英语学科思维是英语语言恰当运用的保证，英语学科情感是影响英语学习的重要因素，英语学科方法是改善英语学习效果的有力保障，而英语学科能力是英语学习者运用英语学科知识和英语学科方法在特定情境下进行的语言理解和表达。只有具备积极的英语学科情感，并辅以科学而行之有效的英语学科方法，英语能力才能得以持久性发展和提高，进而才能在英语学习中塑造文化品格和思维品质。语言不仅是一种交际工具的符号，更是一种文化、思维和社会活动的产物。学习英语可以促进心智发展，增进对世界多样性的理解，这也是英语语言的人文性特征。[1]

二、英语学科素养的教学案例

案例一：提高优等生的英语课堂效能
——关注差异巧设计，英语课堂效能高

一、案例实录

小W同学学习英语比较早，小学四年级的他，英语应试已达到初中水平。他觉得上课内容太简单、无聊、没收获，长期处于"吃不饱"状态，因此上课兴趣不大、不专注。如何让小W同学在35分钟的课堂教学中也有收获，让他在原有基础上得到提高与发展呢？

课堂上经常要进行听力训练。然而，在大班教学中，适合中等及以下水平学生的听力训练，对于像小W这样的优等生来说就是低效甚至可以说是无效的了。他听的时候不认真，做题时也很随意。这些表现都说明他对于这种太过简单的训练不感兴趣，这种训练对他来说收效甚微。而老师不可能为了他提高听力的难度，或者增加语篇的长度和难度，否则对其他学生不利。那么，如何让他在这一时段也有所获呢？

我对小W同学进行观察与分析，发现他虽然应试水平较高，但不善于表达。他内向，不喜欢举手发言，即使发言，声音也很轻，易害羞，眼睛也不注视听话者。运用语言是英语学习的最终目的，口语表达与交流也是其中相当重要的一部

---

[1] 张德禄.中国英语教育的发展与未来[J].当代外语研究，2016（1）：14-30.

分。他这样不善于表达，显然是不利于英语学习的。

根据小 W 同学的特点，为了开发他的潜能，我打算在提高其他学生听力能力的同时，提高他的口语表达能力。我让他主持每周两次的课前听力预热。我将听力训练的语篇交给他，要求他每次选择讲一个小故事，然后出 5 道理解判断题让大家抢答，并发放奖券。他的积极性一下就被调动起来了。为了克服内向、不善表达的弱点，他会提前反复模仿跟读直至背出。由于他是主持人，下面的同学听不清就会有意见，因此，他的声音慢慢大起来了。他还要向同学提问并请同学回答，于是也开始注意与其他人进行眼神交流了。同时，我还提议他自己再做做适合他的听力练习，以便于提高出题水平。一个阶段下来，他不但英语的语音语调准确了，表达的声音响亮了，主持能力也提高了许多，对上英语课更有兴趣了。与听录音做题相比，学生们也更喜欢这种同学做小老师的听力活动形式。

二、案例分析

德国哲学家莱布尼茨说过，世界上没有两片完全相同的树叶。在我校，生源的先天素质与家庭环境的差异都很大，而显现在英语学习上的差异较其他学科更大。在英语学习方面，就学生数为 40 人的一个班级而言，其中优等生有 6 名左右，中等生有 30 名左右，学困生有 4 名左右。

教学要面向全体学生，然而在实际课堂教学中，优等生往往被忽视，因为依据教学大纲，教学目标、教学内容、教学计划以及教学进度的设定均考虑确保中等及以下学生的接受能力与水平；同时，教师也要关注学困生，力求合格率 100%，因此教师对优等生的关注会比较少。

面对几十个学生的课堂教学，我们如何关注学生的个体差异，在让中等生变成优等生、让学困生学习有信心的同时也让成绩优秀的学生更加突出，真正使每个孩子在英语课堂上都有机会得到发展？这是我们迫切需要解决的。经过几年的实践，我觉得以下几种做法对提高优等生的能力是比较有效的：

1. 在教学设计上帮助优等生学习语言

二期课改使学生的英语水平整体提高。但是，随着教学内容的增加，学生之间的差距越来越大。我认为，补差辅优不能光靠课外。在课堂教学中，我们要面向全体，兼顾两头。其实，关于时间分配有时并不像我们简单理解的那样：关注学困生 15 分钟 + 关注中等生 15 分钟 + 关注优等生 5 分钟 =35 分钟，刻意设计的教学环节也可以在同一时间关注两头，面向全体学生。

（1）帮助优等生学习语言

在教授二年级"zebra crossing"这一课时，在引入、理解、仿说后我设计了这样一个环节，即听一段语篇并填空：

This is a _____.The _____ is black and white. Don't you think the _____ looks like a zebra? That's why we call it "a _____".

You can see _____ on the roads. When you cross the road, please walk on the _____. Walking on the _____ will make you safe.

学生听过之后会发现这 7 个空格填的都是"zebra crossing"。在这个过程中，不同水平的学生都有收获。学困生关注的只是空格，他可能听到了七遍刚刚仿说过的"zebra crossing"；中等生还能听懂些句子，在句子所创设的情境中理解"zebra crossing"；而对于优等生来说，他们是感悟了一则语篇。

随后的反馈活动是我和学生一起完成的，对学生最基本的要求是说出填的词，其他部分能读的和我一起读。在这个环节，学困生至少说了 7 遍"zebra crossing"，对这一新知有了进一步的理解；中等生或多或少地读了些包含这个新词的句子，学习了这个新词的用法；而优等生则通过这则语篇学习了语言以及语言背后的文化。

（2）帮助优等生运用语言

在教授五年级"Jack and the beanstalk"这一课时，学生要学习的语句之一是 The giant runs after Jack. "Where are you going? Come back." 这是对学困生的最基本的要求。针对其他学生，我通过设计猜测和想象的环节，留出思维与运用语言的空间，使他们在原有基础上得到发展。最后引导出：The giant is mean. He wants to get back the gold. He wants to catch Jack and eat him. So he runs after Jack. He shouts: "Where are you going? Come back."课堂上，优等生们兴趣盎然、思维敏捷、语言丰富，他们高水准的表达是对其他学生的启发，也是一节课的亮点。显然，他们运用语言的能力得到了提高。

2. 在教学内容上帮助优等生感悟语言

学生的基础有好差之分，理解水平、接受能力和运用能力也有高低之分。教材内容的量与难度是不能满足每位学生的需求的，有的学生"吃不饱"，有的学生"吃不了"，所以有必要进行拓展。但是，为了不增加学生，尤其是学困生的学习负担与精神压力，拓展应立足教材。立足教材，不仅仅是教学主题立足教材，教学内容立足教材，还有时态等语法知识和难度也要立足教材。立足教材进行拓展，扩大信息量、增加语言量，尽力再现学过的语言，帮助学生将语言整合起来，在确保不增加其他学生学习负担的同时，增加提高优等生感悟语言能力的知识。

例如，五年级的"Jack and the beanstalk"一课，故事比较有趣，但是教材内容比容简单，语言量不多。于是，我立足教材对其进行拓展。网上、书店里有各种版本的"Jack and the beanstalk"故事，但是大多采用过去式来表述，而学生还没正式学过过去式；还有些版本生词较多，语句表达上复句用得比较多，难度大。因此，我最终选择了与教材时态一致、难度相仿，但情节更曲折、语言量更丰富的一篇。

立足教材的拓展使不同层次的学生在反馈时都能找到依托，优等生们都很喜欢这样的拓展，丰富的语言为他们的表达、表演提供了帮助。

3. 在教学活动中帮助优等生提高能力

英语课上，我们会安排各种教学活动帮助学生巩固所学的知识，通过各种教学活动对学生进行语言技能训练。为了让优等生在这些教学活动中也有收获，我们可以改变活动方式，帮助他们某方面的能力得到提高。

（1）当听力、阅读材料的难度不能增加时，帮助优等生提高口语、写作能力

听力和阅读能力的提高需要长期训练，而且听力或阅读材料的难易度会影响训练效果。若材料的生词太多，学生听不懂或看不懂，非但达不到训练的目的，还会使其产生畏惧心理，给进一步的听力教学或阅读教学造成障碍。因此，我们一般选择适合中等生的语篇。但是，在大多数学生的听力或阅读能力得到不同程度提高的同时，优等生却收效甚少，这时可以试图提高他们的口语或写作能力，让他们在活动中也有所获。

例如，我在对五年级学生进行教学过程中尝试采用阅读材料征稿的形式，即根据学生学过的主题，让优等生写命题或半命题作文，并出好检验理解的题目。经修改后，选出优秀作品，作为全年级的阅读训练材料。优等生的作品应该说是对已学的语言材料的重新组织，与课文难度相当，而且作者是大家熟悉的同学，

大家阅读、做题的兴趣也提高了。兴趣是最好的老师，是学生学习真正的动力。因为作品可以署名，所以优等生的写作愿望强烈，纷纷投稿，学习的主动性得到提高。我还为他们提供了一些文章，阅读，让他们模仿其写作方法，从而提高写作水平。

（2）当反复操练不能避免时，帮助优等生提高综合能力

知识的掌握和技能的形成都需要重复操练。然而，我们因照顾全体学生而安排、设计的操练对优等生来说收效甚微。为了让优等生也有所获，我们可以在巩固其他学生英语知识与技能的同时，提高优等生的综合能力。

例如，期末复习时，我常常会将一学期所学知识的重点、难点配上例题，并将学生错误率高的题目类型做成PPT，帮助学生梳理知识。由于这些知识内容都是平时反复讲解的，优等生早已熟知，因此，我以小队为单位，以10分钟队会形式，让每个小队制作PPT并讲解。每队由优等生负责，但无论是知识整理还是讲解都必须全员参与。所有小队的作品最终将被全班学生作为复习资料。

队员们在优等生的带领下整理知识、讨论分工、制作PPT并讲解。当台上学生有模有样地讲解、提问、发奖、拍照时台下学生能够认真地听并积极举手发言。虽然各小队整理的知识略有相同，但台下学生即使听了不止一遍，还是能够神情专注并作出回应。在小队活动中，队员们的英语知识得到了梳理；在听其他小队讲解的过程中，大家的知识又得到了巩固；同时，优等生整理知识、组织协调、讲解等综合能力在整个活动中都得到了提高。

这样，优等生不再觉得教学内容太简单、太无聊，他们在小学毕业前大都获得了四星口试与三星笔试的证书（初中水平）。他们在进入初中后，英语成绩仍旧能够名列前茅。

综上所述，在英语课堂教学中，可以在教学设计上帮助优等生进行语言学习，在教学内容上帮助优等生感悟语言，在教学活动上帮助优等生提高能力，使优等生不再被忽视，提高他们的学习效能。

（撰稿人：茅宇华）

案例二：挖掘中等生的英语学习潜力
——浅谈如何在英语课堂上提高中等生的英语素质

一、案例实录

1. 案例主题

所谓中等生，泛指在优等生与学困生之间的那些学生。在中等生身上，同样存在优等生所具有的潜能，但由于种种原因造成他们在某个阶段处于中等状态。在教学中不难发现，中等生在班级里人数居多，他们不起眼，所以往往是班级里最容易被忽视的群体。教师无意的忽视极易影响他们学习潜能的发挥。但如果受到教师足够的关注，并在学习方法上得到指导，他们就很容易转化成优等生。所以在英语教学中教师应给予中等生一定的关注，调动他们的积极性、挖掘他们的潜力，促使他们转化为优等生。这对班级整体的提高以及学生的个人发展都具有重要的意义。

2. 案例描述

中等生的心理是敏感的，又有感激之心，所以有时教师的一个笑脸，一句赞扬的话语都会给中等生带来心理冲击，并转化为他们前进的动力。因此，教师要找到他们的闪光点，为他们创造表现自我的机会，并对他们的进步和出色表现给予肯定和鼓励，使每一节课离"挖掘中等生的潜力"这一目标更近一些。

（1）在一年级"My face"一课中，我在教授"ear"单词后，让学生们挨个读这个单词，当轮到 Amy 读时，只见她站在座位旁低着头，紧闭着嘴巴，这是一个平时不怎么愿意开口说的中等生，心里知道，但就是害怕读和说。周围的同学看得着急，轻声催促她快点读，但 Amy 就是不肯开口。"Come on, Amy."这时我笑着鼓励她，但无济于事。"要不，你坐下读？"Amy 看向我迟疑地点了点头。"Be quiet!"我要求其他同学安静。"ear"，一个微弱的声音从 Amy 嘴里发出，虽然声音小，但毕竟迈出了一大步。"Wonderful! Can your say it aloud?"我做出了一个夸张的手势，"ear"，Amy 的脸红红的，声音提高了一点点。"Read after Amy, please!"我顺势让同学们跟着 Amy 读，只见 Amy 的背挺了起来，看上去比刚才自信了许多。以后，她在课堂上明显活跃了起来，成绩也提高了，人也开朗了。

（2）英语课上学到食物这一课时，我问学生："What do you like to eat?"

然后我请一位中等生来回答，他站起来回答道："I like to eat kitchen." 班级里学生忍不住哄堂大笑，原来这位学生一时将"kitchen"与"chicken"这两个单词混淆了。他的脸涨得通红。这时，我马上用很夸张的表情对他说："Eason, you like a superman! You can eat the kitchen! But how can you eat it? Let's imagine, eat the bowl, eat the spoon, eat the chopsticks?" 并做出假装去"吃"的样子，该学生马上和其他学生一起欢腾了起来。我这么做的原因很简单，如果当时对于该学生的错误答案直接用生硬的评价，例如："You are wrong! Sit down!" 那就会严重伤害这位学生的自尊心，或许以后他会变得越来越沉默和胆怯。而用superman的形象，在课堂上制造出一片欢声笑语，既纠正了这一容易混淆的问题，又保护了学生的自尊心和学习积极性，可谓一举两得。

二、案例分析

1. 案例解读

（1）中等生的心理分析

这部分学生，对学习缺乏远大的理想，容易满足于中游水平，"比上不足，比下有余"的心态使他们自我安慰、不思进取。有些中等生也想取得好成绩，也渴望进步，渴望能够超过优等生，渴望获得老师的关注和肯定。但有时又存在畏惧的心理，一遇到挫折，便会产生消极的情绪，自我暗示自己就是这样的水平，也不期待有大的改变，从而失去了取得进步的动力和信心。

中等生大多性格内向，心理渴望在老师和同学面前表现自我，但又不敢迈出这一步。平日里习惯扮演听众的角色，而缺少主动表现的能力。他们往往比较沉默，生怕回答错而丢了面子，被同学嘲笑；遇到问题不敢请教，不愿出声。如此发展下去，势必对这些中等生的性格产生影响，让他们自认为被忽略、被无视，严重的甚至会产生自卑心理。

（2）中等生在英语学习中的阻碍

许多中等生对英语学习的认识不足，他们缺少长期的、艰巨的、渐进的思想准备。有的学生认为只要自己努力，短时间内便可提高英语成绩。事实上，英语能力的提高并非一朝一夕的事，不能一蹴而就。一旦发现自己经过一段时间的努力，效果并没有预期的明显，不少学生就会感到沮丧，进而失去学习英语的积极性和自信心。另外，大多数中等生没有找到适合自己的学习方法，他们看上去也很用功，但收到的效果却差强人意。所以，老师要给予中等生更多的关注，主动和他们进行沟通，了解他们的学习方式，并在学习方法上给予指导，促使他们找到适合自己的学习方式。

2. 案例反思

在英语课堂上，教师可以采取哪些策略来发掘中等生的学习潜力呢？

（1）提供展示自我的机会

语言的基本功能是交流，课堂上教师应努力创设情境，营造一种浓厚的语言氛围。在课堂教学中，如何创设和组织丰富的活动，为中等生提供展示自己英语能力的平台，让学生多说英语，是英语老师备课的一项重要内容。我们要引导学生积极参与课堂活动，如英语儿歌、课本剧表演、英语演讲、英语小竞赛、英语配音等，多给他们自我展示的机会；同时，也可以增加对他们的课堂提问次数，这些都有利于激发中等生的学习兴趣。除了口头语言，教师还要使用表情和肢体语言来激发学生的表达欲望，鼓励中等生积极参与课堂活动，并对他们的进步和表现给予肯定和鼓励。一旦受到关注，体验到成功的喜悦，他们的学习兴趣和学习积极性会大大提高。英语能力的提高并非一日之功，一节课也并不足以让一个学生发生巨大的改变，但是这种正面的效果将会潜移默化给学生带来心理上的变化。一个学生受到关注时和不被关注甚至被忽略时表现出来的行为是不一样的。在英语教学过程中，要注重中等生发展状况，充分发挥他们的主体性作用，使他们树立自信心，促使他们积极向上地成长，这对于全面提高英语教学质量以及学生的个人发展都具有决定性作用。

（2）叩开心灵的大门

不少中等生性格内向，少与人交流。在课堂上，他们虽不会影响课堂秩序，但也不会突出表现自己。对于教师提出的问题，他们习惯听别人回答，即使有自己的答案，也不敢主动发表不同的意见，而喜欢把它们藏在心里。他们一般具有较强的自尊心，但是缺乏自信，久而久之，养成了自卑的心理。但中等生的内心也同样丰富多彩，他们的潜力远远超过想象，只是他们不擅于向众人展示他们的内心，总是等待别人来接近他们。然而，别人是不会无缘无故地对他们感兴趣的。因此，紧闭心门的中等生很容易成为被人忽视的群体。心理学认为，人生来就有一种积极的自我表现的欲望，把自己的智慧、才能展示在众人面前，赢得他人的尊重，享受精神的富足，这是渴望成功的内在动力。一旦叩开了中等生心灵的大门，走进孩子的心灵世界，就会发现那是一个辽阔而迷人的新天地。因此，教师应该做个有心人，关注他们的内心世界，接纳每一个渴望交流的心灵，这样才能碰撞出爱的火花。在英语教学中，教师应尽可能创造更多的机会和舞台，让中等生敢于开口表达自我，使他们在表现中增强兴趣，优化个性。

每位学生都是未来的希望，他们身上有着自身发展的特色与潜力。中等生是班级学生中的大群体，对班级集体的整体优化起着很大的作用，并影响着英语课堂教学的成效。中等生成绩上不去固然有其自身的原因，但作为教师，也有着不可推卸的责任。中等生是班级的中坚力量，可塑性和发展性很强。他们能否摆脱现状，发挥出自身的潜力，从而有效提升自己，是每一位教师都应深思熟虑的问题。

总之，英语教学中挖掘中等生的学习潜力，是我们教育教学的重要工作之一，必须引起重视。只要我们勇于探索，用心发现学生身上的潜质，不断激发学生发展的动力，就会避免中空地带的产生，教育教学质量就会不断提升。

（撰稿人：陈莉）

案例三：提升学困生的英语学习效能

一、案例实录

1. 案例主题

四年前，小王是个名副其实的爱心班学员。虽然父母都属于"金领"阶层，但是离异家庭使孩子缺乏一以贯之的良好教育，导致学习习惯、学习成绩都不尽如人意。其实，这是一个很有潜力的孩子，只是聪明才智被埋没了。学习效能感是学生在学习过程中体会到的对自己学习能力和学习结果的满意度和期望值。如何提升学困生的英语学习效能，是摆在我们面前的严峻课题。

2. 案例描述

四年前，因工作需要，我接任了二年级三个班的英语教学工作。二（1）班的小王一开学便让我头疼不已。

刚接班，小王的名字就不绝于耳。小王是个特别厌学的孩子：上课不认真学习，总是埋头看课外书；作业经常不交，即使交了本子，不是一片空白，也是乱写一气；每天上学最后一个到校的非他莫属，还经常请假不来上学……

一天，又有同学告状：小王不肯交作业。放学后，我把他找来，针对他的学习状态，谈了足足一个多小时。我循循善诱、因势利导，晓之以理、动之以情，好不容易才把小王的思路理清。他终于认识到自己上课不专心听讲、回家不做作业都是不良行为，并有改正缺点的愿望。

晚上，我趁热打铁，走访了小王的家。他的父亲是某集团有限公司的董事长、总裁，毕业于英国伦敦大学，获得清华大学和英国阿斯顿大学的 EMBA。母亲也是个极有气质的高学历者。但是父母感情不和，早已分道扬镳。现在孩子周一到周四住妈妈家，周五到周日住爸爸家，由父母分时段关心孩子的学习。由于家庭生活不和谐，孩子的心里埋下了阴影，久而久之，一个聪明伶俐的孩子就变成了一个学困生。

为了减少离异家庭给孩子带来的不利影响，父母都竭尽所能给孩子更多的爱。父亲工作繁忙，经常出差，便在物质生活上做到有求必应；母亲身体素质差，没有精力管教孩子，习惯纵容袒护，助长了孩子的不良习气。

小王无疑是当代孩子中因父母离异造成心理缺失、丧失学习信心的典型。这是一个令人棘手的孩子，具有现代儿童综合征。然而，一次家访使我对小王有了新的认识。我发现他的学习成绩不尽如人意的关键是学习效能感低下。

二、案例分析

1. 案例解读

英语学困生的形成有很多原因：有的学习被动，缺乏明确的学习目标和方向；有的对英语学科感到畏惧，缺乏信心；有的意志力薄弱，遇到失败挫折轻言放弃……其中学习效能低下是主要原因。

不同的学生会产生不同的效能感：学习效能感强的学生会对自己的学习任务和认知能力有较大的期望，希望得到更好的学习效果，遇到困难时，会鼓励自己勇敢面对，挑战自我；当通过努力获得自己想要的结果时，会有较大的成就感，会对自己的行为作出一定的评价，能够制订下一步计划，不断认识自我、完善自我。而学习效能感低下的学生则害怕挑战，经常畏缩不前、半途而废。成功的体验会提高效能期待，反复的失败会降低效能期望。因此，增强学生成功的体验有利于提高学生的学习自信心。

由于父母离异，小王缺失良好的家庭教育，长期处于懈怠状态。要改变小王的学习态度，必须提高他的学习效能感。作为任课教师，应充分相信学生发展的可能性，帮助小王树立信心，改变不良习惯，克服学习困难，发挥潜在能力，提高学习效能感。

（1）尊重学生

通过留心观察，我发现小王的知识面宽泛，逻辑思维能力很强，聪慧、睿智、有个性。于是，我不失时机地与他聊天，和他一起交流学习方法，畅谈兴趣爱好及老师的期望，让他体会到自己在老师心目中的地位。当我走进小王的心灵时，爱心在悄悄滋长，和谐的师生感情也逐渐建立起来。

（2）耐心辅导

我邀请小王参加校内的爱心辅导班学习，同时加强复习，从最基本的字母书写和单词拼读开始，打好英语学习的基础；同时设计"天天练"每日5题，帮助他克服语法学习上的障碍。其他学生的作业带回家做，他的作业每天在校内完成，回去再进行复习巩固、错题整理。

（3）目标激励

在充分顾及小王原有水平的基础上，我提出适度要求。刚开始，我要求他上课至少半节课时间认真听讲，每节课至少发言两次；上课时不看课外书；回家作业按时完成。过了一段时间，他能自觉完成这些要求了，我就在班级里表扬他，给他奖励，然后适时调整目标，让他体验"跳一跳，摘果子"的成功感。渐渐地，我要求他整堂课都认真听讲，每节课至少发言5次；回家作业认真、按时、优质完成。有时即使没有达到预期目标，我也不会批评指责他，而是鼓励他不断努力。事实证明：及时批评、适时鼓励是一帖良药，它能造就一个好孩子。老师一个宽容的微笑、一句体贴的话语，都会让他产生巨大的学习动力。目标激励在小王身上见到了成效。

（4）兴趣引导

都说"兴趣是最好的老师"，不少学生由于对英语缺乏必要的兴趣，学习才变得举步维艰。只有将学习积极性转化为学习兴趣，才有可能实现学习效率的提高。我鼓励小王参加英语角会话、英语小品表演，让小王对英语学习逐渐产生兴趣。因为有了兴趣，才能乐此不疲，才能事半功倍，提高学习效率。

（5）结对学习

我充分运用班里的优等生资源，请"学霸"小杨和小王结成对子，让小王在优等生的帮助下，不断激发学习热情。平时，小王学习孤立无援，如今能与优等生结对学习，让小王欣喜不已，大大促进了学习效率的提高。

（6）家校合一

我经常通过微信和电话与小王父母保持密切联系，让小王父母及时了解孩子的学习状态，步调一致地教育孩子。只有家校之间建立一种互相尊重、互相信任、互相支持、互相体谅的良好合作关系，同心同德，才能促进孩子更快地进步成长。

2. 案例反思

看到一个离异家庭的学困生华丽转身，最终考入很多学生趋之若鹜的重点特色学校，我感到无比欣慰。

我深深体会到教育是一门艺术，是培养人、塑造人的特殊实践。只有走进学生心灵的教育，才是真教育；只有选择行之有效的教育方法，才能达到事半功倍的效果。其间，学习效能感很重要，它决定学生对学习活动的选择和坚持，决定学生面对困难的态度，影响学生学习的情绪。因此，应通过各种途径提高学生的学习效能感，改善教学成效，使包括学困生在内的每一个孩子在各科学习中都得到快乐、体验成功。

（撰稿人：汤珏）

案例四：爱上绘本，爱上英语
——利用英语绘本激发学生学习兴趣

一、案例实录

1. 案例背景

低年级孩子对注意力的分配能力较弱，范围较狭小；形象思维占优势，对复杂抽象的道理还难以理解。特别的教具、色彩鲜艳的画面等新异刺激物最容易吸引他们的兴趣。绘本故事具有丰富的内容、鲜明的人物形象和强烈的情感陶冶功能，巧妙利用绘本故事进行教学知识点的渗透，会起到事半功倍的效果。如何将这些图书内容转化为可利用的教学和课程资源，结合儿童身心特点开展有效阅读教学是值得研究的问题。

2. 案例描述

英语课一下课，就有不少孩子围着我叽叽喳喳。

> June，总算又有小故事书了！
> 今天的故事太简单了！
> 就是就是，我还是喜欢上个故事里的小猪，好可爱。
> 我喜欢今天的小熊。我在梦里也超级厉害的呢！

我一边整理板书和物品一边有一句没一句地搭理着他们。

> 你们想念小故事书了？
> 简单就给自己加码，看看能不能背出来？
> 你喜欢小猪是因为她的声音还是她贪吃？
> 你在梦里会做什么？

每次讲完绘本故事，都会有孩子围着我聊这个故事。当我整理得差不多时，发现刚才还围着我聊天的孩子们都集中到小俞身边去了，还在争抢着什么，我好奇地走过去。原来他们在抢小俞的故事书。小俞看见我就面红耳赤地说："他们都要抢我的小故事书，都快被抢坏了！""都不要抢了！你们不是都有小故事书吗？干吗要抢小俞的呢？"看着小俞着急的小脸，我忙制止，同时也奇怪：每次上绘本故事课之前我都会把故事打印好发给每个孩子，要求他们回家做成故事书并读熟，每次英语课也都要求他们读一读小故事书，既然都有，干吗要抢小俞的呢？

"他把故事书都钉在一起了！"

"他的故事书是彩色的，比我的好看。"

我定睛一看，果然，小俞把这学期所有的故事书按先后顺序钉在了一起，而且确实是彩色的，很漂亮，图片也比我发给孩子们的更清晰。

"这是我妈妈给我打印的，我家专门买了个彩色打印机！"小俞自豪地说。

"原来是这么回事，June 不偏心，你们要彩色版的吗？我也可以发给你们爸爸妈妈，让他们帮你们打印彩色版的绘本故事好吗？"为了平息这次纷争，我忙采取对策。

"太棒了！"孩子们立即高兴起来，教室里荡漾着他们的欢呼声！

我回过头来仔细翻看了小俞的组合故事书，"你妈妈帮你钉的吗？这么厚，妈妈是怎么钉的呀"？

小俞微笑着回答道："妈妈先把每本钉好，再把它们连起来钉的。你看，还给他们包了防水的透明封面，这样就不会弄脏了。"

果然，这本手掌心大小的故事书被保护得妥妥的。

"你这么喜欢啊！"

"嗯，我最喜欢小故事书了。妈妈说我本事越来越大，进小学前只会说hello 和 bye bye，现在可以看英语版的故事书了。"小俞骄傲地说。

"是的，你越来越棒！现在看小绘本故事书，以后我们看大的英语原版书。"我趁机鼓励孩子。

事后我和小俞家长联系，事实正如小俞所说，他是个英语学前零基础的孩子，在开学伊始，爸爸妈妈就为孩子将来学英语而担心，因为孩子性格内向，不善于表达，平时话就特别少，这也是爸爸妈妈迟迟没有送他去学英语的原因。他们认为孩子在语言上的接受能力比较弱，怕学英语成为孩子的负担，使孩子失去学习的乐趣。而这种担忧在刚刚开学时确实存在过，一进小学，小俞学习压力明显大了，每天回来要读，甚至还要认英语单词，对小俞来说难度不是一点点，再加上陌生的学习环境和同学、老师，更让他每天闷闷不乐。但小俞从小喜欢看绘本，据他妈妈说，家里的书架上全是他的书，他可以一个人坐在书架前看几个小时的书。从第一本英语绘本故事书开始，他发现英语也有那么好玩的绘本故事，而且他居然看懂了，成就感油然而生，开始期盼下一本英语绘本故事书。慢慢地，小俞有了自信心，开始喜欢上英语课了。

二、案例分析

1. 案例解读

从小俞身上我看到了绘本的巨大魅力，看来利用绘本激发低年级孩子学习英语的兴趣是成功的。

这些绘本基于教材内容，以图文并茂的形式，用重复的、简单的、学生能看得懂的语句讲述简单的故事，反映社会生活等。在课堂教学中我引导学生带着想象进入绘本，带着问题阅读绘本，带着感情讲述绘本，课后带着欣赏分享绘本。

绘本不仅能激发学生学习英语的兴趣，还能培养学生的英语阅读表达能力，增加学生的词汇量，为学生未来学习英语打好基础。

2. 案例反思

（1）精心选择或再构英语绘本故事，提供英语情境，英语不再难说

英语绘本故事中所包含的语言、语用和文化特性，为学习者极大限度地提供了可理解性的输入，同时可以帮助学习者进行可理解性的输出。简而言之，绘本故事中所营造的情景、人物以及语言，可以帮助学生更好地理解并运用语言。我发现选择或再构英语绘本故事往往语言重复性比较强，这样能培养学生的语感，而且容易把握难度。另外，在故事中适度拓展同类生词或语言知识，易于被学生接受。

（2）精心讲解英语绘本故事，夯实英语知识，英语不再无趣

采用绘本故事教学，学生必定要接受大量的听、读输入，经常感受英语的发音、音律和语言的整体结构。他们从教师给出的语音信息中理解含义，慢慢积累和吸收英语语言；同时对教师提出的与情境有关的问题作出反应，这样就自觉或不自觉地运用了语言。

在低年段英语学习阶段，学生对故事如痴如醉：课堂上，学生喜欢在故事中理解单词的意思，通过整个故事情节推测、理解生词，同时又被激发着去理解蕴涵在故事中的更多的语言知识；课后，学生喜欢听故事、模仿故事。

以绘本故事作为载体和手段，孩子们在不知不觉中习得语言，没有丝毫的压力；同时促进了孩子们对语言的运用和情感的提升，也更容易使兴趣持久。

可见，生动幽默、通俗易懂的英语绘本故事，永远是学生英语学习大餐中一道可口的美味佳肴。

（撰稿人：陈军毅）

第四节　艺术审美素养的理论阐释与实践案例

在中国学生核心素养体系中，艺术审美素养是人文底蕴这一素养指标的重要组成部分，按照核心素养体系的架构，着眼于未来社会的人才培养，需要使社会个体具有相应的审美情趣。具体而言，要具有艺术知识、技能与方法的积累；能

理解和尊重文化艺术的多样性，具有发现、感知、欣赏、评价美的意识和基本能力；具有健康的审美价值取向；具有艺术表达和创意表现的兴趣和意识，能在生活中拓展和升华美等。这说明着眼于未来人才培养，除了学科知识、学科素养的积淀之外，还需要关注学生艺术审美素养的提升。社会由个体的人和人群组成，个体生命发展得越好，社会环境也就越和谐美好。人的生命活力除先天遗传因素外，主要靠后天的教育和培养，艺术和美感教育是培养人的生命活力的最佳途径。现代心理学、脑科学、多元智力学和情商学说的研究成果，也证明了艺术教育在促进人的全面发展及心理健康中特殊的作用和地位。[①] 值得一提的是，学校中的艺术审美教育，尽管主要靠音乐、美术等学科，但是不应该拘泥于这些学科，而应充分挖掘不同学科的艺术教育价值，提升学生的艺术审美素养。

一、艺术审美素养的理论阐释

艺术是人类创造出来的超自然的精神文化，其主要价值在于升华人的物质生活、愉悦人的精神、丰富人的情感、完善人的品格、拓展人的社会意义。情感活动是人类生命的动力之源，艺术和审美活动是给精神与情感补养的最好途径，其对人的精神的提升是一个动态的过程。若丧失了精神家园，人就会成为物欲的奴隶，失去创造的活力、精神的自由和人的尊严。

培养学生的艺术审美素养，就是要促进人的全面发展，主要体现在陶冶情感、调节情感、培育情感、增进情感等方面。人类社会和谐发展需要拥有创新能力、全面发展的人才，教育者应该有全面整体的教育理念和策略，而全面、健康的人格教育是感性、理性等诸多方面的和谐统一。

现代艺术审美教育是在现代社会发展中根据科技发展、科技理性中存在的潜在问题而提出的，随着社会的发展和人的心理需求的增加，艺术审美教育的功能得到了深层的挖掘，尤其是在现代脑科学、试验心理学、认知心理学、精神分析心理学等研究成果的支持下，艺术审美教育具有以往尚未发现的内涵及功能，现代艺术审美教育促进了对人的心理全面而系统的发展，这意味着有必要了解人的心理及艺术审美教育的关系。因此，艺术审美教育与健康的人格培养必须通过

---

① 康文科，陈瑜秋. 艺术审美教育与健康人格培养［J］. 高教学刊，2018（1）：32-34.

艺术审美教育的实践活动，研究艺术审美教育对人性本质的影响，使学生懂得身心和谐的重要性，同时通过艺术审美教育促进人际关系和谐以及全方位开发人的智能。

二、艺术审美素养的教学案例

案例一：校园"好声音"，嗨唱音乐课堂

——寻找音乐课堂中的"好声音"

一、案例实录

1. 案例背景

音乐是一门情感的艺术，而歌唱是最自然、最直接表达人类情感的音乐形式之一。歌唱在音乐教学中占有极其重要的地位。在音乐教学中，我发现有这样一个现象：学生在演唱歌曲时，常对好听的歌曲或者旋律熟悉的歌曲感兴趣，而对一些旋律比较难记或者不好听的歌曲兴趣不高或干脆不参与，因此，教师在歌唱教学中应当对此类问题加以重视，并且适当引导，消除学生对歌曲的偏见，激发学生对歌唱的兴趣，从而保证学生歌唱活动的正常开展，既丰富音乐课堂内容，又真正体现课程改革的价值。

2. 案例描述

《我给太阳提意见》是一首4/4拍大调式的歌曲。旋律中运用大量的连音线，从而形成了强烈、鲜明的切分特点。歌曲后半部分的旋律和节奏在前半部分的基础上产生了一些变化，时而平稳舒展，时而活泼俏皮，可以用"有弹性的"和"连贯、保持"两种对比的方法演唱，歌词充分体现了少年儿童天真烂漫、善于幻想的年龄特征。后半部分的反复记号，更是体现出儿童富于幻想的性格特征以及他们对自然界的热爱。课堂实录如下：

> 师：我们已经学会了《我给太阳提意见》这首歌，下面老师请小朋友们上来演唱歌曲。（两名同学演唱）
>
> 师：小朋友，刚才两位同学唱得怎样？
>
> 生：声音不够响，不够自信，可能对歌曲还不是很熟悉。
>
> 师：你们认为怎样做更好？（引导学生自己发现问题所在，体现课程改

革中学生学习的自主性。注意这里需要对音准有自信的学生带头）

师：小朋友说得很好，我们在演唱歌曲的时候，不仅要对歌曲非常熟悉，了解歌曲的背景，还要心中有故事情节，声情并茂地去演唱。（出示音频）请同学们听一听这两段音频，哪一段声音更好？为什么？

生：第二段声音好，因为我听到了对这首歌曲的处理，用连贯的气息演唱，并且旋律线条很明显，声音也很自信、明亮，而第一段就显得很"平"，没有体现出特别的情绪。

师：这位小朋友说得好，在演唱歌曲的时候，不仅要控制气息，脑海中还要有画面，这样唱出的歌曲才有情感。（由此，教师已基本达到消除学生对歌曲演唱存在偏见的目的，然后再让学生演唱歌曲，就会发现他们愿意大声且富有情感）通过演唱歌曲，你们懂得了什么道理？

生：我知道了不管唱什么歌曲，都要一样对待，不能有偏见。

生：我懂得了每一首歌曲都有它的意义。

师总结：对！就像我们的爸爸妈妈们，在不同的岗位上做着不同的工作，只要对我们的社会有用，都是重要的、不可缺少的。（从对演唱歌曲偏见的消除引申到对父母工作偏见的消除，体现了课程改革的目的）

三年级学生对基本的音高、节奏都有了系统性的学习，并具备一定的五线谱识谱能力。这时，教师可以利用他们的能力，通过简单有趣的声音练习，加上切分节奏，在不知不觉中化解歌曲的节奏难点。但是，这个年龄段的学生由于生活阅历的缺乏，常常在歌唱时有声无情，在歌唱技能上也无法自如地控制音量并运用声音的强弱对比去表现歌曲所蕴含的情感，学生的抽象思维能力也有限，这时，教师要适当地创设童趣的情境，运用形象化的手段去唤起他们天真纯洁的特性，帮助他们准确理解音乐情绪，把"好声音"留在音乐课堂中。

二、案例分析

1. 案例解读

在教授《我给太阳提意见》这首歌曲时，为了更好地激发学生与歌曲产生共鸣，我在教学的各个环节注重培养学生丰富细腻的情感体验。首先，从创设春天这一情境开始，复习歌曲《春天来了》，感受大自然的美好。这条主线贯穿于整个导入部分。在声音练习环节，用简单又好听的三个小音符通过延音线唱出切分节奏的效果，让学生体验切分节奏的特点，为今后的歌谱学习打下基础。在引导学生感受歌曲的情感时，根据他们的年龄特点，首先以情传情，用充满感情的范唱把学生带进歌曲的意境，使其直接感受歌曲的情绪。其次，通过师生交流、旋律哼唱感受歌曲的情绪。最后，运用对比演唱、自主探究等方法来学唱歌曲。因为三年级的学生情感不稳定，为帮助他们更好地体验歌曲的旋律、节奏以及歌词中的情感，使他们在演唱反复乐段时声音和情感能够体现出对比变化，理解保护大自然的重要性，我搜集了一些关于大自然现象的照片，从而进一步激发学生天真的幻想、对大自然的热爱，以及对环境保护的关注，使歌曲教学进一步升华。

2. 案例反思

（1）音乐教师的音乐表现和学生的审美体验

歌唱教学应以教师为主导，在组织学生积极参与过程中促使意境教学直观形象化。有声无情是大多数中年级学生的普遍特点，教学中应引导他们用不同的演唱方式充分感知音乐。例如，闭目聆听歌曲，可以使学生注意力完全被音乐、歌词吸引，让他们沉浸在音乐带来的美好之中。学生在感受音乐意境和思维想象之后心中的感受溢于言表，此时应及时调动学生的思维积极性，让他们用口头语言来描绘音乐的意境。从上述案例不难看出学生的意象因为交流变得更为丰富多彩。

（2）挖掘教材的音乐元素及歌唱表现

《我给太阳提意见》是一首大调式的歌曲，旋律中运用了大量的连音线，从而形成了强烈、鲜明的切分特点。歌曲后半部分的旋律和节奏在前半部分的基础上产生了一些变化，时而平稳舒展，时而活泼俏皮。在教学过程中我以歌曲中的"太阳"为载体，让学生产生拟人化的想象，达到人与自然融合的效果。艺术是最讲究"动静结合"的，一动一静构成和谐的画面。歌唱表现的创设离不开自然意象，就仿佛画家离开色彩不能绘画一样。歌唱表现教学意境也须借景言情，寓情于景，做到情景交融。

（3）以情感人，声情并茂

目前，在音乐课堂教学中，学生们"有声无情"的歌唱现象十分普遍，音准、节奏感再好，但缺少情感，也都只是音乐概念化的表露，歌声难以"传情"，更难以感人肺腑。这样长此以往只会扼杀孩子们学习音乐的兴趣，直接影响孩子们音乐审美素质的正确发展。歌唱艺术的目的是要传情达意、以情感人、以美诱人。那么，我们要引导学生充分理解歌曲内涵和情境，感受曲调风格和韵味，通过表现旋律音调的生动"语气"和细致微妙的变化，对歌唱进行艺术处理。这既是歌唱本身的需要，更是歌唱技能训练的一条重要途径。在对歌唱进行处理过程中，可以运用对话交流、情感启发、情景创设、肢体律动等多种手段促使学生从心灵出发，以情感人，声情并茂，从而获得如天籁般的声音。新课程改革的目的就是让所有的学生动起来，思考起来，不断地发现和探索，不断地追求和丰富最朴素的生活思想，让他们做有价值的人。只要教师不断改进教学方式，与新课程标准同步，就会成就幸福的学生。

（撰稿人：田切尔）

案例二：我们都会玩艺术

——玩起线条，让笔锋听你话

中小学生应学书法艺术还是学写字？开设书法课是为了培养书法艺术家还是为了提高学生的汉字书写水平？

我在第一节课上就饶有兴致地问孩子们："你们想一想，学书法有什么用呀？"有个孩子举手回答："以后过春节，家里的春联都可以自己写了。"说这话时，他满脸的骄傲自豪。

在学习一样新东西时如果没有宏观地了解它，而是稀里糊涂地直接开始，是很容易走弯路的。但是很多练书法的人在动笔之前，都没有好好思考过"想写出像样的书法究竟要做哪些练习"，所以很多人到最后都没有练好书法。

所谓书法，书——书写，写字，要美，要有书写感；怎么才能写得美呢？需要我们每一笔都要有起、行、收。法——有规矩，有方法，一定要遵循法则，看字帖。那我们到底要练什么？老生常谈：用笔、结构、章法、格调。

用笔可从两方面理解：第一，力量与质量。毛笔是软的，宣纸也是软的，用毛笔在宣纸上写出的笔画却不能软，要做到有力量、高质量，关键是要学会对"锋"的控制。第二，形态与神采。每位书法家所写的笔画都有各自的特点——颜真卿的横和欧阳询的横不一样，这就是笔画形态的差别。不同的笔画形态源于不同的用笔方式，一个成熟的书法家应有自己独到的用笔方式与体系，体系越完备，越能在笔画上体现出丰富的神采。学生在临摹过程中要掌握所模仿的书法家的用笔方式，从而自如地模仿出字帖中的笔画形态，进而最大程度地还原字帖的神采。

结构分为两个方面：第一，笔画与笔画之间的关系。在一个字中，两个以上的笔画之间会产生位置关系（距离的宽窄、位置的高低、对齐还是错位等），以及对比关系（长短对比、斜正对比等）。第二，笔画组与笔画组之间的关系。在分析比较复杂的字的时候，可以将笔画看成组，在写这个字的时候要着眼于两组之间的位置、高矮、宽窄等关系。

章法是字与字之间的关系，是一幅作品中影响观感的重要因素。

格调究竟是什么，很难表述清楚，可以理解为潜藏在一幅书法作品背后，透过纸面的笔墨传达给观者的一种微妙感受。一幅书法作品格调的高与低、雅与俗是与书者密切相关的，它和书者的性格、人生观、艺术观以及对于书法认识的深度、学识涵养都有关系。

就用笔和结构而言，可以通过老师课堂上的讲解和学生勤加练习越发出色，而对于章法和格调需要学生慢慢用心体会。

我希望把孩子们带进书法的世界，让他们慢慢感受这个艺术世界的美妙，这需要花很多时间对他们进行毛笔掌控的基础训练。为了吸引孩子们的兴趣，我将这个训练称为"画蚊香"。

首先，在纸面的中心点开始，逆锋起笔。其次，向右行笔，慢慢绕圈。这个时候要讲一个很重要的问题——调锋。在完成线条时一定要中锋用笔，这时只要毛笔尽量立直就好，基本没什么难度，但是在方向需要变化的情况下就没那么容易了，原本在笔画中间的笔锋，在转过方向后偏到了笔画侧面，也就是我们常说的"偏锋"。所以，我们需要练习如何在转变方向后，仍然保持中锋用笔，也就是"调锋"，而画蚊香就是一个很好的训练方式，因为在画圆圈时毛笔需要不停地转换方向。

在画蚊香开始前，我会详细讲解调锋的方法，边讲解边示范："毛笔行走一段之后，笔尖开始向边上偏离，这时候要把笔稍稍提起一点，再稍稍调整方向后原地按回去，然后继续走。"学生们可能不能一下子就理解，这没关系。"当毛笔没法听我们的话，没法继续按我们需要的状态继续行走时怎么办呢？把笔提起来再重新落回纸上恢复到你需要的状态。只不过小朋友们要注意，我们要做得很隐蔽，不能真的把笔提离纸面再重新落笔，只能偷偷地把毛笔提至笔尖状态再偷偷按下去。"这样解释原理后，已经有孩子能尽力做到位了。在画圈的过程中我会不断重复调锋的动作，有时需要手指轻轻捻动笔管来配合，在这方面手把手式的教学更能提高教学效果，让他们的小手感受到调锋的力量。

蚊香越画越大，直到纸面画不下，慢停收笔。就这样，我们一同完成了第一张蚊香，在画第一张蚊香的练习中主要注意调锋的问题，同时行笔要尽量稳定。在画第二张蚊香时要开始注意线条和线条的间距要相等，和拉线条一样，间距应该等于线条的宽度，不要画得过宽，以致一张纸上就画了三圈。

有些孩子会问："画到一半墨没了要不要蘸？"我的建议是在开始时把墨蘸足，然后保持慢速、匀速行笔，缺墨时，不要马上停下来蘸墨，要减慢速度，继续保证线条墨色湿润，越缺越慢，直到真的没法通过减速避免枯笔的时候，再停下来蘸墨，停顿的次数越少越好。

还有孩子抱怨："感觉胳膊很酸，越写越抖。线拉得越长，手越使不上劲，越抖，结果写得歪歪扭扭。"我耐心地讲解："确实要尽量保持线条稳定、拉直，但是不要一直想着这个问题。在拉线条、画蚊香，包括今后练字时，整个人应该处于一种'专心而轻松'的状态，试着调整呼吸、手放松，就像骑自行车时我们不会紧紧盯着眼前的地，手攥得很紧就怕骑不直，越是这样越容易骑得歪歪扭扭，而应目视前方、哼着小曲儿，同时又留心着路况的每一个细节。"

"包老师，达·芬奇是练习画鸡蛋，我们是画蚊香啊！我什么时候也能完成一幅大作。"下课时一个男孩子对我说道，这让我很是欣慰，我本担心对于这样的枯燥练习，他们只能坚持一阵儿，他们能这样想，也成功体现了"学中有玩，玩中有学"。

（撰稿人：包卫）

案例三：队列队形，原来可以这么有趣
——熟记体育课站队的趣法

一、案例实录

1. 案例背景

趣味队列夯实快乐体育。二期课改贯彻"以学生为中心，快乐体育"的理念，对于从幼儿园刚进入小学的学生来说，无疑是非常符合其生心理特点的。但在体育课开始阶段，如何集中学生的注意力，促使学生形成优美的姿态，培养学生良好的纪律意识？如何合理地调动队伍，节约课堂教学的时间？队列队形是小学体

育教学的基本内容之一，是对身体姿态和空间体位感觉的基本训练，也是组织集体活动，培养组织纪律性的重要手段。它能够帮助学生养成身体的正确姿势，培养学生自信坚毅的性格，使学生具有听从指挥、遵守纪律的品质，拥有良好的气质和奋发向上的精神面貌，对全面发展学生的身体具有良好的锻炼效果。

队列队形教学中每个项目的要求都很严格，容易使学生感到枯燥乏味，导致与快乐教育的理念相违背。特别是从幼儿园刚进入小学的孩子，他们在一段时间内不太适应，再加上好动的特性，在队列队形教学中有着许多困难。

2. 案例描述

熟记体育课站队位置，对于刚入小学的孩子来说也是一件难事。排队时总会听到学生这样的声音："我站在这儿""你不在我旁边""你不是我们这组的""我旁边是xx同学""老师，xx同学不知道排哪里"。记得印象较深刻的一次，一年级学生第一次到操场上体育课练排队，我先按高矮给他们排了四列横队，并让他们认识一下前后左右的同学，解散后，再集合，希望他们能马上回到自己刚才的位置上，可等到他们再集合时只能用"一团乱"形容。原因在于学生才第二天进校，他们之间也不熟悉，再加上解散之前没有告诉学生要记住自己的具体位置。之后，在第二个班级进行教学时，我马上进行改进。我拿了一副扑克牌，按照不同花色和数字顺序依次发给每个学生，告诉学生一个花色是一个组别，并按照A、2、3、4、5……的顺序依次排列，要求解散后再集合时，还是按照手里的牌进行站位。果然，学生们很聪明，很快按照手里的纸牌找到了自己的位置。当我把牌收起来后，还是有个别学生因忘记之前拿了什么牌而忘了自己的位置。另外，学生们拿着牌排队时明显感到很有趣，看着自己能很快找到位置也很得意。第二个班级高效完成任务，但总觉得师生互动还不够。在第三个班级进行教学时，我尝试采用新方法——计数法。在让学生排好四列横队后，先按横队告诉每个学生他是第几排，再按纵队告诉每四个学生一个号码，当每个学生记住自己的号码后，老师开始"抽查"互动，"第一排举手""第三排抬脚""第三小组蹲下""第六小组跳一下"……很快，所有学生都记住了自己的位置，这时他们信心满满地觉得如果解散了再集合无论面对什么方向都能很快找到自己的位置。实践下来，这是一次非常成功的实践，学生在快乐中有效记住了自己的位置。之后，在其他班级的教学中我更大胆地采用了"弹钢琴""叫号赛跑""吹哨子"等方法，在让学生巩固熟记站队过程中，多以表扬和鼓励的语言激励学生，让学生自信、快乐地学习。

二、案例分析

1. 案例解读

队列队形练习的内容比较单调，一年级主要包括立正、稍息，向左转、向右转等。在反复的训练中，学生容易感觉枯燥疲惫，从而渐渐失去了对队列队形练习的兴趣。但如果仔细分析与研究教材，加上教学手段上的某些变化，不难产生理想的教学效果。

（1）游戏法

在巩固记住自己站队的过程中，游戏的出现会大大提高教学效果，如"弹钢琴"游戏，方法为从排头起的四名学生为"按键1"，即第一纵队四名同学为"哆"，按的同时唱"哆"，学生同时下蹲；依次进行，熟悉"音阶"。这个游戏能够让学生集体熟悉原地站位的顺序号。又如"叫号赛跑" 游戏，老师随意叫号，被叫到号的学生立即向左跑出，绕排尾一圈跑回自己位置；排尾被叫到的学生，原地转一圈。通过这个游戏能使学生集中注意力，同时记住自己的位置顺序号。其实，仅"游戏"这两个字眼就能令每个孩子兴奋不已，因此利用游戏法进行教学是相当有效的。

（2）语言法

在课堂教学中应利用语言让学生爱上你。高的孩子站后边："你肯定是个不挑食的好孩子。"对于矮的孩子："快到前边来，小巧玲珑，真可爱！"分好了组，我引导他们为自己小组取个好听的名字："你们想不想给自己的组取个好听的名字？"于是他们七嘴八舌，为自己小组取名……

（3）哨子法

哨子是体育教师的常用教具，同样也是体育教师的"第二语言"。哨子对于小学生，特别是刚进小学的低年级学生来说有一种新鲜感，这就使得教师使用哨子的时候，学生的注意力比较集中，而且学习兴趣有所提高。因此，我们在队列队形的教学过程中，可以充分利用哨子来提高学生的学习热情。比如，要集合了，老师用"嘟、嘟、嘟嘟——"的口令来代替，每次学生分散学习时听到此哨音，就知道要集合了。

（4）鼓励法

现在的小学生好胜心都比较强烈，都希望能得到老师和大家的认可，因此表扬与鼓励对学生有着很强的促进作用。我们要对学生表现出来的任何闪光点都及时进行表扬，这有助于提高教学效果并使学生心理上得到满足。如在排队过程中第一排第一个学生找准位置特别重要，每当他第一个站好位置后我就和他拍一下手，这是给予他达到要求的奖励。在排队练习过程中往往会结合"立正、稍息"等语言一起教学，动作完成得好，就请他到队伍前表演，学生受到老师的表扬和同学的认可，心理上的满足会促使其更轻松地练习。另外，请表现好的学生在全班面前表演，让其他学生讨论他们做得好的地方，由于低年级学生善于表现自己，所以讨论气氛活跃，基本上能在讨论中将动作的要点体现出来，通过一系列的表扬与表演等手段，提高了学生对动作技能的认识，能有效激发学生的练习主动性，使其产生积极向上的意识。

2. 案例反思

小学一年级的队列队形教学是体育教学内容中不可缺少的一部分，也是教学中的一个难点。队列队形教学内容比较枯燥，通过队列队形的教学实践，我深深体会到：老师在对低年级学生进行队列队形练习时必须要有足够的耐心和细心，还要根据学生的学习兴趣和年龄、心理特征，结合学生的生活实际，创设出有助于学生自主学习、乐于学习的情境，让学生投入学习中去，让学生通过观察、操作、模仿、交流等活动获得基础知识和技能。同时，针对性地进行课堂教学，可以采取编儿歌、编制口诀或者游戏的方式，让孩子们在玩中学、在学中玩，提高他们的学习兴趣，激发他们参与体育学习的热情，这样，教学效果也一定会更加显著。

（撰稿人：郭丽红）

第五章　学生交往能力培育的行动探索

人际交往也称人际沟通，是指个体通过一定的语言、文字或肢体动作、表情等表达手段将某种信息传递给其他个体的过程。社会学将人际关系定义为人们在生产或生活活动过程中所建立的一种社会关系。心理学将人际关系定义为人与人在交往过程中建立的直接的心理上的联系。人际关系对每个人的情绪、生活、工作有很大的影响，甚至对组织气氛、组织沟通、组织运作、组织效率等也会产生影响。对学生而言，有效的人际交往有利于加强学生对自我的合理认知，有利于促进学生的社会化进程，有利于建构起良好的人际关系并为学生的健康成长和全面发展提供支持。因此，培养学生的交往能力，理应成为教学过程中教师在人才培养时需要关注的重要问题。从小学生的实际情况看，他们的人际交往主要环境是学校和家庭，主要对象是教师、同伴和亲友，学会与这些群体的合理交往和沟通，不仅是他们走向成熟的标志，也是其实现人生发展的基础。

第一节　与同伴交往的价值解读与实践案例

人际交往在儿童主体性发展中具有十分重要的作用，是主体社会化的必由之路。与同龄人的交往已被发展心理学家视为儿童主体性发展的关键。研究儿童与同伴交往问题，旨在引起教育工作者的重视，从而积极引导儿童与同伴交往，以促进儿童主体社会化发展，具有重要的价值和意义。

一、与同伴交往的价值解读

关于同伴的定义有很多，至今未统一。综观各种定义，作为同伴应具备以下两个方面的特征：一是年龄相仿；二是社会地位和心理发展水平相当。对于小学生而言，学校里的同学具备了同伴的所有特征。同伴关系的建立在青少年发展中具有成人无法取代的独特作用。[①] 这些作用体现在多个维度：

其一，吸收同伴经验，发展人际认知。交往过程的首要方面就是交往双方信息的沟通。没有信息的沟通就谈不上交往双方的理解，更不可能发生相互作用。而信息沟通的基本条件是双方有共同的经验领域，换言之，所传达的信息必须处于发信者和受信者的共同经验领域之内。小学生在与同伴交往过程中，最容易借助语言把自己的意念、思想、感情、要求等传达给另一个人。人际认知是指交往过程中人对人的知觉、理解和评价。交往的参与者一方面力求了解对方的观念、态度、情感和行为动机；另一方面又十分关心他人如何看待自己，关心自己在交往中的地位问题。以上两个方面的发展都是通过儿童在与同伴交往过程中不断输出与输入信息，将从同伴那里获取的信息和认识经过自身的认同和内化，对自身主体性发展产生影响。由于同伴之间的相似性，这种从同伴处获取的经验更容易被儿童所接受。从与同伴交往中获取的知识对儿童的影响最初表现在儿童个体行为的一些外显部分，如行为方式、对人的态度等，继而，这种影响会渗透到儿童心理结构的深层部分，如同伴的意见和观点将影响儿童的价值取向和个性发展。

其二，满足心理需要，增强情感支持。小学生普遍具有强烈的被同伴接纳和认可的团体归属需要。如果这种需要不能得到满足而经常被同伴拒斥的话，儿童就会感到焦虑，严重的会导致心理疾病。小学生的成就感同样可以通过与同伴交往得到满足，特别是那些在其他交往形式中不受重视而希望在与同伴交往中得到尊重的儿童。正是通过同伴交往，小学生可以感受并学会理解别人的情绪体验，

---

① 刘薪.中学生同伴交往的意义及其引导[J].教学与管理（中学版），2012（10）：28-29.

从中发现真正的朋友和友谊，获得情感上的支持，产生安全感及对同伴、团体乃至社会的信任感。

其三，学习社会技能，调节自我行为。在与同伴交往的过程中，小学生不断碰到自我与他人的关系问题，在出现矛盾的情况下，如果小学生之间不能相互宽容，同伴之间的交往关系将会中断，而这不是他们所希望看到的。因此，随着小学生交往关系的深入发展，他们能够逐步学会遵守规则，并常常会因为同伴的影响而改变自己的态度和行为，从而实现自己对行为的调节。如果小学生只从自己的角度出发采取行为，不考虑别人的利益，只懂得竞争，不懂得合作，那就会失去同伴的信赖。[1]

二、与同伴交往的教学案例

案例一：我的伙伴在哪里

——学生内向封闭怎么办？

一、案例描述

跟孩子们接触了一段时间以后，我发现涵涵是个独特的孩子。此时，涵涵三年级了，她个性沉闷，很少说话，上课的时候从不举手。老师偶尔会请她在课上发言，这个时候她就会显得特别焦虑、紧张，回答问题的时候支支吾吾，身体也会随之不停地轻轻摆动。下课后，别的孩子都在一起开心地游戏，可她却总是一个人在座位上看书。涵涵从不跟其他孩子主动接触，沉浸于自己的世界。我问她："为什么不跟其他同学一起玩？"她目光闪烁，回答我说："一个人看书挺好，别的同学也不跟我玩。"由于涵涵的独特个性，对于她的一切我都特别关注。我发现她的文章写得极好，充满了童真和生活的情趣，她的文字让我感到她是个心思细密、敏感的孩子。此外，涵涵的学习成绩不错，在班级里基本能够保持在中上水准。

偶然一次机会，我跟体育老师的一次交流，让我对涵涵有了更深的了解。体育老师告诉我，在体育课上经常会开展分组活动，让学生自由组合，每当这个时候，涵涵总是显得很尴尬。当别的学生形成小组开始活动的时候，涵涵总是一个

---

[1] 吴祚稳.同伴交往：儿童主体性发展的精神家园[J].教学与管理，2008（2）：10-12.

人站在场外，每次都需要老师安排她进入一个小组。在活动过程中，她往往也是独立完成项目，不会与其他同学进行合作。

对于涵涵的问题，我私下跟一些孩子进行了沟通，他们表示，并不是不喜欢与涵涵在一起，而是涵涵不乐意与他们一起，每次邀请她，她都显得比较冷淡。时间一久，班里的孩子也都习惯了她的这种状态，不再主动邀请她。

二、案例分析

经过与家长的深入交流，我们发现造成涵涵交往困难的原因主要有以下两个方面：

一是婴儿时期，家长对其抚触较少。心理学研究表明，每个婴儿都喜欢成人的爱抚、触碰。孩子哭泣是与家长交流的一种方式，孩子长时间哭泣，成人如果不进行抚触，则可能使孩子心理留下阴影。因此，适当的抚触非常重要，家长温柔的抚触可以满足孩子渴求被关爱的精神需求。涵涵小时候并不是由父母带大的，而是由保姆喂养长大，保姆对她的身体健康方面比较重视，但却忽视了她的心理成长，对她的心灵造成影响。

二是家长过于宠爱，在交往方面处置不当。涵涵回到父母身边后，家长对她过分溺爱，为了让她少生病，很少带她到人多的公共场合，甚至邻里之间也很少串门。涵涵在成长的过程中失去了很多与人交往的机会，在与陌生人交往过程中会表现不安，更不会主动找小朋友玩耍。在幼儿时期，家长对于孩子与人交往的问题并不在意，认为随着孩子年龄的增长，会逐步改善。进入三年级以后，家长发现孩子与人交往的问题并未改善，开始形成一定的焦虑，于是想尝试帮助孩子解决这一问题。

三、问题解决

人是社会性动物，离不开群体。生活中，如果不合群，我们会感到孤独、痛苦。从心理学的角度讲，一个孩子正常的心理包括"学习心理""社交心理"等，而其中的"社交心理"是孩子心理健康的一个重要标志。如果孩子没有正确的社交心理，那么就没有完整健康的心理。

对于良好的"社交心理"的构建，教育家陈鹤琴先生提出两项建议：第一，

"我们应该给他驯良的动物如猫、狗、兔子等作他的伴侣"。第二,"我们再给他小娃娃之类以解他的寂寞"。驯良的动物可以让孩子体会关爱,体会人与动物之间纯真善良的情感,在与小动物接触的过程中,小动物对小主人的关心、喜爱可以让孩子的心灵获得满足感。而小娃娃之类的东西可以让孩子减少孤独感,让他们进行"角色扮演",体会到亲人对自己的关爱。对于这两项建议,我跟孩子的家长进行了沟通,由于家长也意识到了解决孩子交往障碍的重要性,所以他们很快就落实了这两项建议。

此外,针对涵涵的情况,我和家长进行沟通,采取了一些综合性措施:

第一,邀请同学到家里玩。家是孩子最熟悉和放松的地方,我班有好几个孩子与涵涵同住一个小区,首先是家长出面,邀请同学到家里来玩,通过玩电子游戏、玩洋娃娃,孩子们在这样自由轻松的氛围里畅快地交谈,隔膜会逐渐消失,交往的效果往往不错。一开始,部分孩子也有不乐意的现象,但是在我的鼓励下,他们最终表示乐意前往涵涵家中,共度欢乐的时光。

第二,尝试交一个朋友。其实交友不在于多少,关键是交到真朋友,如果能交到一个无话不说的好朋友就已经很幸福了。家长和老师应鼓励自己的孩子与一个小朋友多交往,平时还可以创造一些机会让他们在一起游戏,孩子之间自有他们感兴趣的话题,时间一长就成了好伙伴。对于这个问题,家长与涵涵进行了深入的沟通,让孩子敞开心扉,说出自己最想交往的一个伙伴——莉莉。问及原因,涵涵说:"莉莉比较活泼、搞笑,跟她在一起的时候比较开心。"当我得知这一情况以后,在学校的日常生活中,我会尽可能多地安排她们一起活动。通过观察,两个月以后,涵涵和莉莉的关系有了明显的变化,莉莉会主动跟涵涵交往,常常可以看见她们有说有笑的样子。

第三,组织一些小队活动。现在各个学校、班级都会开展假日小队活动。家长可以利用这一契机,组织一些小队活动。在活动的过程中,家长可以让孩子和同学多交往。比如,涵涵家长还曾经帮助涵涵组织过一次小队的定向越野活动。孩子们需要分工合作,共同完成教练规定的任务。这种活动对孩子来说是一种很好的锻炼,涵涵发现同学们都是充满善意的。组织完这次活动以后,涵涵非常开心。这样接触得多了,涵涵的交往障碍就有所缓解,不再过分胆怯并逐步建立了自信心。

当然，家校及时沟通也很重要。家长要与老师及时沟通，全面了解孩子在校情况，通过交流与沟通，与老师达成共识，共同帮助孩子克服交往障碍。通过以上措施，在家校共同努力下，涵涵的社会交往能力终于有了很大的改善，一年以后，她除了跟莉莉成为好友，也有了其他朋友。虽然在集体活动中她有时略显拘谨，却也不再是一个很大的问题。

其实，在日常生活中，有交往障碍的孩子并不少见。如果教师和家长不能及时加以干预，一旦错过最佳的矫正时期，往往会对孩子的性格形成造成终身的影响。无法体验友谊的快乐，是人生的重大缺失。值得一提的是，教师和家长都不能急，不可以简单粗暴地逼迫孩子与他人交往，友谊是一种很美妙的东西，靠逼迫是无法得到的。我们只能鼓励孩子，打开自己羞怯的内心，拥抱世间的美好。

（撰稿人：陆惠忠）

案例二：B612 不孤单

——学生封闭懵懂怎么办？

一、案例描述

在担任班主任半学期后，我发现了一个特别的孩子留留。一年级的学生大都活泼烂漫，对小学生活有很高的热情。但是留留从入学第一天起，就很少说话，上课的时候从不举手，总是处于放空的状态。老师偶尔会请他在课上发言，这个时候他会慢半拍地站起来，显得特别迷茫、懵懂，歪着脖子呆呆地看着你。单独和他聊天时，他也是紧闭着嘴巴不肯开口，像一只受惊的小兔子。

留留的反应也比其他小朋友要慢，无法接受老师下达给全班同学的指令，因为他觉得自己不包括在内。当下课其他小朋友上交课堂练习时，他会拿着一本空本子怯生生地来问我：要写什么呀？出去排队时，要等全班同学都离开教室，他才会梦游一般离开。留留的本子是后座的小朋友帮传的，中午的饭盒是同桌帮忙拿的，原因无他，就是因为"太慢"，其他热心肠的小朋友看不下去。

学期过半，留留连学校名字也说不全，甚至觉得自己还在幼儿园，更不用说交好朋友了。下课其他小朋友手拉手玩游戏，他最爱的是独自绕着学校的天井跑，别人捉也捉不住。

这些都让留留显得格格不入，他就好像是 B612 星球上的那个小王子，在自己筑起的世界里，守着一朵玫瑰，外界仿佛与他无关。看着心墙越来越严实的留留，我越发担忧。

二、案例分析

经过与家长的深入交流，我们发现造成留留自我封闭的原因有以下两个方面：

一是家中老来得子，仍旧把他当作小宝贝，过于溺爱。已上小学半年的留留仍保持幼儿园时期的状态，父母的溺爱导致其生活自理能力缺失。生活习惯与学习习惯相辅相成，交流中，留留父母仍很自豪地表达留留现在刷牙穿衣都是他们一手包办。当他仍然被父母当成宝宝，饭来张口衣来伸手，生活中只有游乐场与糖果时，他对周围便失去了探索、了解的好奇心。这种"太容易"的生活状态让留留得不到成长，他对世界没有探索的欲望，对其他小朋友没有交流的欲望。父母也没有把留留当成"小学生"看待，忽视了孩子的心理成长，对他的心理造成影响。

二是留留在幼儿时期人际交往能力未得到锻炼。据留留妈妈反映，留留小时候挺活泼的，很爱和别的小朋友玩闹，因此很担心他会出事，就禁止他出去玩耍，甚至不让和别的孩子接触，也很少带他去人多的公共场合，假期的亲子旅游只是去五星级酒店的高级套房。久而久之，留留就变得封闭自我，幼儿园中期开始就演变成独自玩耍，不和别人交流。在成长的过程中，留留失去了很多与人交往的机会，自身的交往能力、理解能力得不到发展。无论开心还是难过，他都不会表现出来，就像一个安静的娃娃。在幼儿时期，家长反而觉得孩子很乖巧，并未在意，但是通过这半学期的反馈，家长意识到了问题，也愿意帮助孩子解决。

三、问题解决

面对留留这样没有人际交往愿望及能力的小朋友，第一步是要激发他对周围事物的兴趣，从生活中的点滴入手。如让留留意识到自己现在是一名小学生了，即使动作再慢，也要自己完成力所能及的事，如理书包、穿衣、吃饭。同时，每天进行半小时的亲子阅读，让留留念故事给爸爸妈妈听，从朗读入手，鼓励留留多开口，这也有助于帮助孩子提高语感与理解能力。

第二步便是锻炼他的交际能力,鼓励他慢慢走出自己的内心,多看看世界。例如,每天都安排一名小朋友与留留交朋友。在一次课上的合作环节中,我们班唯独留留没找到配对的小伙伴。我就借此机会与全班同学沟通,询问他们谁愿意与留留交朋友?大部分小朋友都举起了手,但是让留留一下子记住那么多的小伙伴显然是不太可能的。所以,我就按照学号让学生每天轮流和留留交朋友。每天放学我也会询问留留,今天你和谁交了朋友?记住自己的同班同学是融入集体的第一步。留留慢慢也能开始发本子,下课以后也不再形单影只了。

作为班主任,我在学校日常生活中会更加关注留留。如要求留留每天早上进教室,除了在教室门口喊"老师早"以外,还需要和我"聊一聊"。我会问他:今天你想要成为什么样的留留?要和谁交朋友?回到座位第一件事是做什么?这些问题很简单,但是一段时间之后,不等我问留留,留留就会像倒豆子一般说一堆,回到座位后,他也不再发呆,而是进行早晨的准备。

在学校里,当留留有点滴进步时,我会用"放大镜"放大,在全班同学面前表扬他。我还鼓励他多和我"告状"与"分享"。当他犯错时,我也不再格外宽容,让留留意识到他在学校不是单独的个体,他的一举一动都受到老师与同学的关注,从而改变他事事"无所谓"的态度,帮助他培养主观能动性,建立与班级的联系。我每周都会与留留父母进行沟通,让他们也参与"改造计划",看到留留的变化。同时建议留留父母在留留回家后不要只丢给他一支笔、一个平板电脑,而是可以带留留去小区里和其他小朋友放飞一会儿,在家中也多和留留进行交流。家校联动,互相督促;双方共同关注他的成长。

在留留的这一系列变化中,我深深地意识到及时的家校沟通是多么的重要。全面关注学生在校情况,与家长及时沟通,家长也可及时反馈孩子在家中的情况。家校联动达成共识,不断调整方法,不是将留留强行拉出自己的小世界,而是让留留慢慢地主动走出来,感受交往的乐趣,克服心中的交往障碍。通过以上措施,在家校的共同努力下,留留的人际交往能力有了很大的进步。在一年级结束时,他已经能喊出全班每一个小朋友的名字,也有了两三个固定的小伙伴,甚至还会偷偷和我"打小报告"。

像留留这样人际交往能力较差的孩子其实并不少见,只是表现方式可能有所不同。家长和老师应及时给予关注与干预,否则随着年龄的增长,很可能会从单纯的交往障碍演变为消极的性格。幼时看似"乖巧"的孩子很可能是无法打破心中的玻璃墙，这样的孩子将无法进行对于别人来说正常的交流，那他还如何交朋友，如何收获友谊的快乐呢？但只要家校共同努力，通过积极及时的交流、发挥孩子的主观能动性、创设美好的情境就能对这些封闭自我、心智懵懂的孩子有所启发，让孩子慢慢地建立与集体的联系，感受与人交往的乐趣。从心中的B612小星球里走出来，牵着伙伴的手，拥抱阳光和风，绽放最美的笑容。

（撰稿人：马雅）

案例三："小少爷"成长记
——"骄娇二气"怎么治？

一、案例描述

记得一年级刚接班时，一个特别可爱的男孩奇奇给我留下了深刻的印象。他长得虎头虎脑，脸上肉嘟嘟的，那双水灵灵的大眼睛忽闪忽闪，特别招人喜爱。奇奇很聪明，小小年纪已经学了不少，成绩是班里数一数二的。老师和伙伴们都特别喜欢他，常常捏捏他的脸，和他开玩笑。可是没过多久，大家就发现可爱的奇奇其实是个名副其实的"小少爷"，非常不好"惹"。他常常会为了一点小事而生气，甚至控制不了情绪，在班中号啕大哭。这不，一次，数学成绩刚下来，奇奇因为差2分没有得满分，又伤心地趴在桌上哇哇大哭。数学老师见状连连安慰，却怎么也没法让他停止哭泣。伙伴们在一旁都蒙了，不知该怎么办才好。还有一次，因为嘲笑同学，他与伙伴打闹起来。事后，我对他进行批评教育，可奇奇非但没有认识到自身的问题，还执意地认为老师偏袒，口口声声说要"转学"，导致班级气氛压抑，大家的情绪都很低落。

像这样的事，在后来的日子里经常发生。我还发现，因为奇奇，来找我的任课老师越来越多了。大家都有同样的感受——奇奇这孩子挺聪明的，但是很娇气，经常因为自己学得多而瞧不起其他伙伴，引得伙伴关系特别紧张；而且他也特别娇气，听不得批评的话，一说他有啥不好，就不开心、发脾气。在一些需要团队合作的活动中，奇奇也总是喜欢"唯我独尊"，总认为自己的想法是最好的，要让大家都听他的。若是没有接纳他的意见，他就会"破罐破摔"，无法继续"心平气和"地参加活动。

为此，我也私底下针对奇奇存在的一些问题，问了一些孩子对他的看法。大家都认为奇奇很聪明，成绩好，愿意和他交朋友，但和他在一起就都得听他的，否则他就会闹别扭、不开心。这样的相处很不公平，伙伴们都觉得很有负担，不知道该怎样和奇奇相处才会更好。

二、案例分析

通过与家长的深入沟通，我发现形成奇奇"骄娇二气"的原因主要有以下两个方面：

第一，幼儿时期，家长比较宠爱奇奇，特别是保姆参与更多养育。奇奇出生在一个和谐美满、生活条件优越的家庭。奇奇的爸爸妈妈都是公司高管，日常工作比较繁忙。奇奇还有一个读大学的姐姐。因此，年龄最小的奇奇成为家庭的中心。由于家里请了住家保姆，奇奇从出生后就由这个保姆一手带大。保姆对奇奇的日常生活照顾得无微不至，小到洗脸洗澡，大到每天接送……即便是上了学，保姆有时也会为了让奇奇多吃点而跟在屁股后面喂饭。可以说，这样的奇奇衣食不愁，养尊处优，从来没有吃过什么苦，而且因为年纪小，家人都让着他，集家中"万千宠爱于一身"，所以"小少爷"的骄娇二气不知不觉就这样上了身。

第二，家长重智育胜于德育，缺乏行为养成及性格塑造的意识。虽然奇奇的父母工作繁忙，但对孩子的教育引导却是一点不含糊。入学前，父母就开始为奇奇报各种辅导班，带着他出入于各种培训机构。在这些辅导班中，以学科类学习为主，如奥数、英语……聪明的奇奇在妈妈的督促下，基本能按要求完成学业任务，在各项学科类竞赛中也常常能拿到一些奖项。为此，妈妈也感到相当的欣慰与骄傲。尽管学习抓得很紧，但在行为规范、性格养成方面，家长显然没能像狠抓学习那样将教育落到实处，往往只是走过场。

三、问题解决

随着"二孩"政策的实施，像奇奇这样的"小少爷"越来越多。由于家庭的宠爱、德育的缺失，他们身上都不免有骄娇二气。那这样的骄娇二气是天生的吗？我想，可能会有一些天生的成分。例如，有些孩子天生胆小，见到陌生人或是到一个新的环境就会因害怕而哭鼻子；也有一些孩子自我控制情绪的能力比较差，动不动就发火。但从心理学意义上说,"骄气"是缺乏自知之明、缺乏同理心,自我感觉良好,表现为不愿意遵守规则,只要有所约束,心里就不高兴,就要发脾气。"娇气"是精神脆弱,怕吃苦,怕困难,遇到令人不舒服或困难的场合就情绪低落,止步不前。我认为,这样的性格更多是在后天养成的,是值得我们去思考与关注的。

在奇奇身上,我们其实不难发现存在这样一种双向的因果关系:家庭的宠爱,导致孩子形成骄娇二气;而孩子的骄娇二气,又进一步导致家长使用错误的教育方式。由此可见,孩子个性和品格的形成及行为习惯的养成与家庭教育是有着密切关系的。

为此,针对奇奇存在的问题,我和家长进行了一次深入的交流,决定开展"改造"计划,帮助奇奇改掉身上的骄娇二气。

第一,家长实实在在地参与孩子的教育过程,重视孩子性格养成与行为习惯的培养。入学后,奇奇妈妈也看到了自己孩子身上存在的问题,经过交流与沟通,也充分意识到作为家长在育德上的不当与疏忽。因此,我们约定对于孩子身上发生的问题和事情要就事论事,家校统一口径,共同进行教育与引导,特别是要把问题讲清讲透,并注重纠错,帮助孩子形成正确的三观。当奇奇与伙伴交往中发生矛盾后,我都与奇奇妈妈进行沟通,把老师的意见和建议与她共享,然后她再对奇奇进行进一步的教育与引导。几次教育过后,奇奇都能心悦诚服地把自己的反思写下来,真诚地向同学道歉,并用实际行动改正。有时,奇奇仍存在疑惑"为什么我要这样做?"但妈妈的耐心引导与沟通、严格的要求与标准,慢慢地让奇奇收敛起自己的跋扈与娇气,学会了"轻声细语"与"有商有量"。

第二,有意识地让孩子"吃点苦",引导孩子学会为他人服务,学会感恩。独生子女和"二胎"孩子之所以有娇气,很大程度上是因为生活条件的优越及家长的娇惯。因此,家长要充分认识到"包"得太多,其实是对孩子的一种伤害。在学校里,我有意识地让奇奇多参与班级的一些劳动,例如,课间发本子、中午打扫教室……一开始,奇奇很不情愿,总说:"为什么叫我呀!""我要去玩了呀!"但几次我在班里表扬他后,奇奇就很乐意地主动为大家服务了。听到伙伴们对他说"谢谢",他便乐得合不拢嘴了。在家里,奇奇妈妈则取消了每天私家车接送的"服务",改为坐公交车回家。同时,在双休日还安排奇奇为家人做早点。就这样,奇奇也渐渐体会到了劳动的快乐,体会到了为他人服务的乐趣,不再认为接受别人的帮助与服务是理所当然的。

第三,有策略地进行引导,发挥孩子的特长,使孩子树立信心,成为让别人悦纳的人。让奇奇更有自信地在集体中锻炼与成长,充分发挥自己的作用,也是我们进行"改造"的重点之一。记得一次春游时,我发现一个学生很会玩魔方,便积极鼓励班中的孩子在课间向他学习。聪明好学的奇奇果然也全身心地投入。没想到,经过几个月时间的钻研,从来不会玩魔方的奇奇竟然通过自学在班级乃至学校的魔方竞赛中得了奖。当他看到伙伴们羡慕崇拜的眼神时,我想奇奇一定明白了真正的成功是需要付出很多心血的,也只有付出了,才能真正体会到成功的喜悦。为了让奇奇遵守"走路队不讲话"的规则,我还特地邀请奇奇担任领队,还给他一本记录本进行记录,要求他每天向我反馈。奇奇接受任务后,相当认真地执行着。在反馈时,我便借机对他进行引导,逐渐让他明白遵守规则的重要性,同时也让他切身感受到怎样才能成为一个让别人悦纳的人。

如今,奇奇已经是四年级的学生了,变得越来越成熟,越来越有绅士风度。我们几乎听不到奇奇的哭声,也很少听到他发脾气的声音。虽然有时他仍会出点状况,但现在的他越来越容易沟通,越来越明白事理,伙伴们也和他相处得越来越融洽。经过这么一段时间的引导与教育,奇奇的变化是有目共睹的。大家都说:"小少爷终于长大了!"是的,孩子身上的骄娇二气是能够改变的。从奇奇身上,我们能看到家庭教育与家校合作的力量是如此无穷与巨大。正因为有了家长正确的教育观与教育方式,再加上家校及时沟通,达成共识,才大大提高了育人的效果。

每一个孩子都是这世间一朵独一无二的花,有着自己的特点,有着自己的颜色,有着自己与众不同的美。作为家长,作为老师,我们要耐心、细心和用心,帮助他们成为一个拥有良好心态、优秀品行,让他人悦纳的人。愿世间每一朵花都能尽情绽放!

(撰稿人:袁蕙)

第二节　与教师交往的价值解读与实践案例

20世纪，杜威对以赫尔巴特为代表的传统教育学的批判与学术攻击，打破了原有的"教师中心论"，提出了适时适势的"学生中心论"，课堂教学从一端走向了另一端，也可以看到师生关系从"专制"走向"民主"。"学生中心论"承认学生的个性化和差异性，承认学生是带着"经验"进入学校的，而不是白板，更不是空着脑袋。但这种"单边主义"也在日后愈加丰富的课堂实践中暴露出弊端。20世纪70年代后，我国教育学界关于师生关系的讨论长期集中在教育主客体关系上，逐渐形成了教师主体、学生主体、师生双主体、教师是双主体中的首席等观点，[1] 在这些观点的演进过程中，教师与学生的关系问题不断重构，如何构建良好的师生关系，让教师和学生学会彼此和谐相处，不仅对学生的成长有利，也是教师专业发展的重要内容，是教学活动开展的重要前提。

一、和谐师生关系的价值解读

师生关系处理的好坏直接关系教育教学的效果、学校培养目标的实现，关系学生的心理健康和全面发展。和谐师生关系的生成也有利于改善师生的学校生活质量和生活状态，引领师生追寻崭新的生命意义，在教与学的过程中具有多个维度的重要价值。

其一，和谐师生关系是一种隐性的教学资源。课程资源的开发与整合是保证课改实施的基本条件，新课标明确指出课程资源包括课堂学习资源和课外学习资源，囊括学生生活世界的方方面面，涉及学校、家庭、社会各个角落。因此，我们应该打破过去那种把课程资源仅仅看成课堂学习资源，甚至把教材当成唯一的资源的思想，要认识到凡是有利于吸引学生主动学习和和谐发展的资源都应该进行开发与整合。由于学生的学习过程是一个对问题不断探究和感悟的过程，需要

---

[1] 皇甫科杰，张旭."新基础教育"视野下的师生交往新理解[J].现代教育科学，2017（3）：30-33.

学生对学习活动怀有浓厚的兴趣和饱满的热情，需要师生间的信息交互和情绪感染，当师生间充满真诚的信赖和交流时，才能够促进思维、情绪的共鸣与激荡，使教学活动高潮迭起、妙趣横生。另外，和谐的师生关系也是学生前进道路上有力的依靠，因为学生的学习过程是一个充满曲折与艰辛的过程，需要学生有踏实的态度和坚强的意志，当学生遇到困难时，教师可以给他们一些耐心的启发；当学生遇到挫折和失败时，教师可以给他们一把有力的搀扶；当学生取得成绩时，教师可以给他们一个赞赏的眼神。当真诚、融洽的和谐师生关系逐步形成时，就会激荡起师生心中无限的快乐、温馨与甜美，为教学活动注入不竭的生机与动力，也会激发学生学习的积极性、主动性、创造性，对提高课堂教学的效率具有十分重要的作用。

其二，和谐师生关系有利于提升师生的生命价值。生命是一个过程，对于教师和学生而言，学校教育过程是其生命历程的重要阶段。和谐师生关系的生成，是源自对学校师生生活的审视，对学校师生生活赋予深厚的人文关怀，着眼于师生双方学校生活的现实状况，从消除误解，增进师生之间的了解和理解，加强师生之间的合作到自然和谐的一个过程。在这个过程中优化师生交往，改善师生关系，让学生在愉悦的情境中学习，让教师在受到充分尊重和谅解的氛围中工作，将师生双方的学校生活品质提升到一个新的境界，实际上也是改善师生生活、提高师生生命质量的过程。同时，和谐师生关系生成的过程，也是师生双方将对方以"文本"的形式加以理解的过程，这种特殊的"文本"不是符号化的构成物，而是共时的、共在的真实的关系。学生通过理解教师"文本"，可以从中体悟到教师对自己的期待，使自己的学习动机由单纯的认知需要上升为情感需要，从而积极面对生活、面对世界、面对未来；教师通过理解学生"文本"，可以从自己真实的教育生活中体会到学生心灵的渴望，使自己的工作动机由职业需要上升为职责需要，从而感受到自身教育工作的神圣和尊严，不断对自身提出更高要求。这样，师生双方都能寻找到自己发展的原料和动力，从而建设自我、发展自我、超越自我，展现生命的意义，实现生命的价值。①

---

① 谢光琼.和谐师生关系的生成及其价值体现［J］.和田师范专科学校学报，2008（6）：50-51.

二、和谐师生关系建构的案例呈现

案例一：老师，多爱我一点
　　　　　　　　——学生"阴晴不定"怎么办？

一、案例描述

　　班里有个男孩子，名叫舟舟，黝黑的皮肤，圆圆的肚皮，憨态可掬。刚接手这个班级的时候，我觉得他是个非常老实并且有礼貌的"小胖子"。每次不管是在走廊还是操场，只要他一看到我，都会小跑步到我面前，喊一声"韩老师好"！有一次，我吃力地抱着两个班级的作业本准备回办公室时，舟舟出现了。他说："韩老师，我帮你搬吧！"我说："那我们分一分一起搬吧！"他拒绝我说："不用！我一个人来！我是男孩子，你是女生，韩老师你赶快去办公室休息下，喝口水，我大不了再跑一次，分两次搬。"当时我心里真的是非常感动，自己的学生已然是一个小小年纪的"大人"了。有时候，他也会主动把自己的课外作业拿给我检查，不懂的地方也会跑来找我帮助解答。

　　可是，没过多久，我发现下课的他和上课的他在与老师的相处上判若两人。"舟舟，把你桌面上的和这节课无关的东西赶快收起来。""舟舟，不要再说话了。"诸如此类的话经常会在课堂上出现，上课需要一直提醒他遵守课堂纪律。每次上课，只要我问问题他都会很"积极"地回答。好几次我问："Who can tell me the answer?"他都很激动地大喊："我！我！我！"当然，我肯定没有喊他。他很生气，抱怨道："总是不点我回答问题！我不听课了！不上课了！""第一，上英语课，你说中文就是不对的。第二，大家都乖乖地坐在自己的座位上安静地举手等着被我点，我有什么理由不让别人回答呢？第三，每节课的问题都是有限的，不可能全班每个小朋友都有机会被点到，老师尽量不点重复。你有什么问题下课再和老师沟通。"他在气头上，对我说的话完全没有听进去，脸上仍写着"不服气"。这样的他让别的小朋友感觉难以相处，所以基本没有经常和他一起玩的朋友。这让他的交友也遇到了很大的问题。

二、案例分析

　　为此，我在私底下针对他的这些问题，和他谈过心，初步探索了他的内心世界。还询问了最了解他的爸爸和班主任老师，更深入地发现了问题的所在，造成他性情那么多变的原因有以下两个方面：

一是家庭原因。我们经常说，家庭是孩子的第一课堂，孩子的表现往往是一个家庭的镜子。家庭环境决定孩子的习惯和性格。因为舟舟很小的时候，爸妈就分开了。这无疑对小小年纪的他来说有很大的影响。舟舟平时与爸爸一起生活，但是舟舟爸爸工作繁忙，根本没有固定或者充裕的时间顾及舟舟的学习。家里即使有爷爷奶奶帮忙照料孩子的日常起居，但是毕竟是老人，对舟舟的学习心有余而力不足，根本帮不到舟舟。这样的孩子，因为缺少父母共同的爱，导致他们锁上自己的心门，不愿与别人倾诉自己的想法。他不愿意说，所有的想法都憋在心里，只有自己一个人知道，那当然没有人懂他。所以，当他和别人观点不一致时，他的情绪就很容易控制不住，其他孩子也不太愿意和他交朋友了。

二是家长过高的要求。在和舟舟爸爸聊天的过程中我发现，舟舟爸爸对舟舟的要求太高了，而且对教育的认识也过于片面。新的教育理念要求老师和家长重视每个孩子的差异，因材施教，注重教育的分层。世界上根本就找不到两片一模一样的叶子，更别说孩子了。每个孩子对知识的接受程度是不同的，理解问题的能力、速度也是不同的。记背能力、阅读能力、写作能力、表达能力等各方面也各不相同。老师会针对这个班级的情况提出适中的要求，这些要求往往都是基准线，比如，哪些该背，哪些需要熟读。这些要求对大部分孩子来说都不是问题，只要上课认真听，肯定可以做到。在孩子学有余力的情况下，家长可以根据孩子的能力提更高的要求。舟舟在英语学习上不是特别擅长，但舟舟爸爸对他的要求过高，老师要求读的，舟舟得会背，老师要求背的，舟舟得会默，老师要求默的，舟舟得反复默。这对舟舟来说，无疑是非常大的压力和负担。除了这些，舟舟爸爸还让他参加辅导班，背额外的高级词汇，进行不符合舟舟目前水平的阅读。要求孩子去做超越自己能力范围的事，这不是在为难孩子吗？压力过大的孩子，在情绪管理方面，就更加没有办法好好地控制了。

对舟舟这样的孩子来说，缺少关注和爱，于是希望得到别人的关注，渴望得到别人的爱。在学校里，老师对他们来说是像妈妈一样的存在，拥有一切美好的幻想。可是，老师却要把爱分给那么多孩子，心里难免会有失落。所以宁可做出一些反常的事情，惹老师不开心，从而得到老师的关注，即使是负面的关注，他们也愿意。

三、问题解决

在对各方进行了解之后，我采取了以下解决方法：

首先，老师在学校其实充当的是妈妈的角色，教孩子们知识，育孩子们做人。严慈相济地告诫他们什么该做，什么不该做。舟舟在课上出现插嘴或者随意说话的现象，我仍旧提出严厉的批评，然后告诫班上其他同学，这些行为不可取，大家必须遵守课堂纪律。除了要有严还得有慈。在和舟舟爸爸聊天之后，我知道了舟舟家的情况，所以在批评舟舟之后的课下，我会温柔地把他叫到身边和他谈心。其实在谈心的过程中，更多的是需要我去倾听。我表示了对他的理解，并且把自己的经历告诉他，让他知道我的小秘密，也对我有了了解。很明显，他开始对我有认同感了，他开始慢慢卸下心里的防线，和我之间的距离也慢慢地近了。谈话刚开始他是坐在我的对面，紧接着在我跟前很不情愿地让我握着他那双手，到最后紧挨着我坐。他所处的空间变化让我知道，这次谈话是有效果的，他听进去了，也认同我了。从那之后，舟舟上课非常认真，我走到哪里，他看到哪里，视线一直随着我移动。举手比以往更积极了，但是却不像以往那么没规矩。现在的他，上课的时候乖乖地坐着，回答问题的时候手高高地举着，却不说一句废话。就算我没有喊他回答，他也不会像以往那样发脾气，而是等着我问出下一个问题。下课的时候不光是像以前礼貌地道声好，而是热情地朝我奔来，搂着我的脖子亲切地喊我的名字。所以师生之间的相处，就是这么微妙，就是这么互相影响着。

其次，我和舟舟爸爸也好好地谈了一次，建议他适当降低对舟舟的要求。手握得越紧，沙子越是攥不住；弦绷得越紧，纤细的琴弦越是会断裂。适当的压力会是前进的动力，但是过大的压力，反而是使人喘不过气的石头，会适得其反。不要总用"别人家娃"的那套理论来要求自己的孩子，因为这是你的孩子，不是别人家的。现在的舟舟有更多的时间花在学校的学习上，而不是那些没有意义的要求上。现在的舟舟可以学有余力，脸上的笑容也多了。

师者，如夕阳，伟大而正直，光明磊落，襟怀坦荡，它不因转瞬即逝而沮丧，更不要求学生的回报，只求学生心中被他们栽下的那颗种子，绚烂绽放，经久不衰。

（撰稿人：韩婷）

案例二：老师，我想和你玩游戏

一、案例描述

东东，我们班中的"特殊学生"。记得第一次家访见到东东时，他像一个小猴子似的，在沙发上上蹿下跳，一刻不闲。初次见面时的东东很羞涩，不会和我交流，哪怕只是一个眼神，他时而埋头吃零食，时而躲在妈妈身后用小眼睛打量我，行为举止似乎都与同龄的孩子有所不同。这次家访，让我好像明白了其他老师口中的东东"特殊"在哪儿了。

东东的大脑前额叶发育较同龄儿童稍有迟缓，三年级第一学期时还出现了对立违抗性障碍。在东东的世界中固执与执着一直占有着绝对的地位，唯我主义很强烈，所有事情只有"是"与"非"。早晨进校见到校长时，东东不会问早，问他原因，他竟说："我只叫我认得的老师。"说罢便低着头走进教室。在课堂上默写时，如果老师没等他写好就报下一个词语，他便会大声叫嚷："怎么只有一个人写完你就报下一个啦！""为什么不等等我呀！"

东东的内心是胆小而自卑的。他的记忆与逻辑思维能力都很优秀，数学、英语学习对他而言都是"小菜一碟"，但是见到语文，尤其是阅读和作文，他便蔫儿了……本学期家长会召开时，东东的家长迟迟没来，我本以为是交通拥堵耽误了，但当我联系到东东父母时，电话那头的他们大感意外，这才知道原来东东一直瞒着他们家长会的事。第二天问他原因，东东不假思索地说："我语文太差了，不想让爸爸妈妈来见你。"这是东东内心最真实的想法，单纯的他用直白的方式表达出了其在语文学科上的自卑，想来可能是恶其余胥，我这位语文老师对他而言也是特别有距离感。

二、案例分析

经过一段时间的观察，并且持续与家长保持沟通，我们发现造成东东"特殊"的原因主要有以下三个方面：

一是生理发育迟缓对东东情感认同的制约。情商主要反映一个人感受、理解、运用、表达、控制和调节自己情感的能力，以及处理自己与他人之间情感关系的能力。情感常常走在理智的前面，是非理性的，其物质基础主要与脑干系统相联系，人脑的中央处理器"大脑前额叶"则对情感具有控制作用。经过医学手段检测，东东的大脑前额叶发育比同龄孩子略显滞后，因此他在自我情感的表达、控制和调节方面尤其困难。现在就读三年级的东东在情感上其实如同一个学龄前的孩子，他的情感认知是单一的、直白的，宣泄情绪的方式也是最直接的哭闹，他有自己的情感认知体系，大人口中的道理对他而言是难以理解的。

二是对立违抗性障碍对东东社交的制约。对立违抗性障碍是一种情绪和行为上的问题，它与我们平常所说的逆反心理有很多相同之处，只不过逆反心理是一种通俗的说法而已。对立违抗性障碍是儿童发育过程中出现的反复抗拒、公然反抗、不服从及敌视权威的一种行为模式，常在童年早期出现，青春期达到高峰，这类孩子对对话和服从行为本身就产生拒绝感。如果轻率地尝试用对话等方式与他们沟通，反而会使他们无视大人的指示。例如，东东在语文默写时常会出现这样的情况：只要有一个字没写完就马上哭喊。当我告诉他这样做会影响其他同学时，他的第一反应是："为什么他们来得及，我来不及啊！""其他小朋友也有没写好的，一会儿老师会再报一遍。""不行，我就是没写完，我就是比别人差！"

三是家长对于孩子的状态无法正视和接受。初次家访时，东东的妈妈就曾说他"心智不成熟""不懂事"。开学不久后，东东情绪起伏剧烈，我再次约谈家长，得到的回复依旧如此，只是理由又多了一条——学习压力大。家长一直不肯正视孩子的身心问题，一味地以"调皮""幼稚"作为挡箭牌。与此同时，高知型的妈妈对东东的要求也很高，心理学家荣格说过："对孩子心理压力最大的，是父母的愿望。"爱孩子是父母的天性，他们希望孩子"不要输在起跑线上"，家长的期望使得他们对孩子的一切都过分关心，大多数家长恨铁不成钢、望子成龙心切，对孩子的要求近乎完美，眼睛只是盯着孩子的缺点或不足，而看不到孩子的长处，尽管孩子有了明显的进步，各方面表现都不错，但还是得不到家长的任何表扬，这样就容易使孩子失去自信。

三、问题解决

其实就东东的情况而言，上述三个原因是环环相扣的，其现状是陷入一种恶性循环，要想打破这个闭环，我想突破口只能是孩子最亲密的人——父母。

当东东在上学期情绪崩溃并作出一定危险性行为后，我意识到不能再和家长"打太极"了，每次反馈孩子行为后家长都会诚恳地表示一定配合老师，但这对于"特殊"的东东毫无用处。于是，我请东东爸爸来校观察他的课堂表现。当东东爸爸亲眼看见孩子在课堂上不理睬老师、肆意奔跑、大声叫嚷、做恶作剧等无序行为后深感震惊，于是我诚恳而坚定地劝说："请您和妈妈必须正视孩子的问题症结，否则只会毁了孩子！"兴许是"亲眼所见"和直白的语言触动了东东爸爸，之后几天他一直来校观察孩子的行为举止，并预约了儿童心理专家。经过医学检测，带来了一个好消息和一个坏消息：好消息是虽然证实了东东大脑前额叶发育略有迟缓，但这是时间可以弥补的；坏消息是此时的东东已经出现了对立违抗性障碍。

当专家确诊了孩子的症结后，东东父母开始正视并接受孩子的现状了，我和东东父母决定一起改变，尊重东东并帮助他消除自卑心理，树立自信。

第一，建立微信群，我每天会将东东在校的情况作个总结，基本是"报喜不报忧"，让家长看到孩子的进步；东东父母也调整心态，适度降低对孩子的要求。

第二，在学校我作为东东的班主任兼他最不喜欢的语文学科的老师，我俩无疑是交流最多的，我要让东东真正敞开心扉，接受我和语文。

一是在思想上开导东东，对他进行正确的引导。大道理对东东而言是很难理解的，那我就以直白的语言和他打交道："东东，我们做朋友吧。"听到这句话，东东害羞地低下了头。此后语文课上，我将新课的生词领读任务都交给他，鼓励他大声朗读。默写时我告诉他没时间限制，写完再交，但是他不可以随意叫嚷。做操时，我会走到东东旁边，告诉他，其他同学也和他一样不会做，都是在跟着领操员学习，做不好没关系，只要动起来就好。朋友间要相互帮助，我还会时不时遇到些"小麻烦"，请东东来帮我。从一开始需要我主动请他，到后来他会时常出现在我的办公室门口，现在他敢走进办公室来找我说话了，我想东东对我已经没有那么畏惧了，我们之间的距离在逐渐拉近。

二是注意多表扬，不"语罚"。赞扬可以对儿童产生奇迹，过多的批评则会使孩子变成自卑的"绵羊"。有自卑心理的孩子更需要老师的关爱，他们渴望赞扬，十分厌恶那些疏远、冷落责备他们的人。用引导代替讥讽、用表扬代替批评，可以使孩子看到希望、增强自信。在教育过程中，我注意对东东的点滴进步予以及时、热情的表扬。想方设法创造条件，让他体验到成功的快乐，使他对学习、对生活、对自身逐渐积累信心。

看着东东一年来的变化，让我也懂得了学生需要爱，教育呼唤爱。那些在学习、思想、行为等方面存在一定偏差的学生，我们称之为"特殊学生"。他们往往被忽视、冷落，殊不知，学生看起来最不值得爱的时候，恰恰是他们最需要爱的时候；错过学生的一次教育机会，没准就错过他的一辈子。"特殊学生"同样拥有一颗真诚纯洁的心灵，也有被尊重与赏识的愿望。对"特殊学生"只有诚挚的师爱，才能填补他们心理的缺陷，消除他们心理的障碍。所以，教师应当对他们给予更多的教育引导和关爱，最大限度地理解、宽容、善待"特殊学生"。用自己的爱去唤起学生的爱，用自己的心灵培养学生的心灵。

（撰稿人：崔莹）

第三节　与亲人交往的价值解读与实践案例

　　家庭和学校是学生最主要的两个生活世界，也是完整的教育生态圈最核心的组成部分，在当今的教育理论和实践领域，对于家校合作重要性的认识已经不再存疑。近年来，随着家校合作的深入，对于家校合作价值的认知也越来越丰富，如家校合作能够沟通学生最重要的两个生活世界，实现学生教育在时空上的有效衔接，为学生成长构筑完善的空间；能够增加教师和家长之间的理解和互动，促进教师和家长更好地自我反思和成长；能够为学校带来更多的教育资源，造就学校改革发展新的动力源等。纵观现有关于家庭学校合作的研究，更多是强调发挥家庭教育对学校教育的合作价值，但是应该注意的是，要实现这种价值，既需要教师与家长之间的良好沟通和交流，也需要学生与家长、亲友之间形成良好的沟通关系。

一、和谐家庭关系的价值解读

　　家庭是孩子生活的第一个小型社会，而父母是孩子的第一位老师，家庭环境就是孩子感知、认知社会的开始。因此，父母之间的相处方式、孩子与亲人的相处关系以及家庭氛围都潜移默化地影响着孩子的身心发展并影响着他们性格的形成。

在家庭中，如果父母相处和睦、平等、相互尊重，能够相互关心爱护，并且以身作则，用良好的行为习惯去感知、引导孩子，孩子就会乐观、阳光，面对困难他们会采取积极、正向的态度来处理。相反，夫妻关系紧张，常常争吵，缺乏对长辈的尊重、对孩子的关爱，对于没有独立能力并完全依赖父母的孩子来说，就会没有安全感，容易出现情绪和行为问题，并且影响将来的性格发展，出现胆怯和恐惧心理，有的还会出现暴力行为。甚至在成长过程中，有些孩子会用极端方式来表达长期压抑的心理，导致犯罪案件的发生。[①] 同样，在一个家庭中，孩子能否与亲戚朋友实现良好的沟通交往，不仅是其身心成熟的重要标志，也是其心理健康和全面发展的重要保障。

二、学生与亲人交往能力培养的案例呈现

案例一：找回我们的小可爱
——学生与家长的沟通问题

一、案例描述

刚进一年级（3）班的时候，佳佳就给我留下了很深的印象。这是一个可爱、乖巧的孩子，又有着同龄人没有的细心，很懂得照顾人。一年级第一学期，佳佳学习态度十分端正，不论是上课听讲、发言还是课堂练习都完成得十分出色。在我眼中，这是一个积极向上的好孩子。佳佳平时还是我们班的"小棉袄"，懂得关心老师，能协助老师维护课堂纪律。

这一切在寒假结束之后有了很大的变化。第二学期开始，佳佳的表现相比上学期有了不小的落差，上课不再专注于老师与课本，听课效率直线下降，原本上课认真听讲的态度也没有了，课堂练习也相比上学期有了很大的退步，在学习态度上甚至出现了逃避的现象，这让我看在眼里，急在心里。

二、案例分析

从第一学期到第二学期的转变是颠覆性的，而转变的背后必然有其缘由。出于对孩子的关心，我开始着手深入进行调查。经过与佳佳的沟通以及对她的家庭

---

① 刘丽.家庭关系对儿童心理发展的影响[J].教育教学论坛，2018（46）：255-256.

的深入了解，我发现这样巨大的落差源自以下几个方面：

首先，二孩家庭对于两个孩子的教育方式没有作出针对性区分。佳佳家中还有个妹妹，在性格上与佳佳有比较明显的差异。佳佳的父母在与两个孩子相处的过程中对于孩子的差异没有投入足够的关注，导致两个孩子中有一方对于父母的管教方式不适应，进而产生了比较激烈的反抗情绪。同时，由于两个孩子对于教育方式不同的反馈，导致家长对于佳佳产生的反抗情绪估计不足，认为是孩子自身的问题，对于反抗情绪的处理比较草率，进而导致孩子逆反行为升级。

其次，父母与孩子的沟通不够充分。佳佳的父亲工作繁忙，家中主要由母亲负责孩子的生活与学习。佳佳对于父爱的渴望常常得不到满足，因此产生了消极的情绪。而父母没能及时发现佳佳产生消极情绪的原因以及孩子真正的需求，进而在教育佳佳的过程中没能采取针对性的措施，及时阻止消极情绪的滋生，导致佳佳用错误的方式发泄自己的不满，并且影响了正常的学习与生活。

最后，课余时间安排过多。佳佳的父母为佳佳在课余时间安排了非常多的兴趣班，导致佳佳的课余时间几乎全部被占用，个人可支配时间非常少，而且负荷大，这导致孩子长期处于身心疲乏的状态，助长了她的反抗情绪。

三、问题解决

目前，二孩家庭逐渐普遍起来，而父母自身又是以独生子女为主，这让许多父母在对下一代进行教育以及处理两个孩子关系的问题上产生了很大的困惑。

针对佳佳，在了解了一些情况以及相关案例以后，我是这么做的：

一是安抚佳佳，在学校里给予佳佳更多的关心，让佳佳缺失的关爱得到一定的弥补。同时，以一种亦师亦友的态度与佳佳交流，缓和佳佳紧张的情绪，获得孩子更多的信任，为进一步沟通打好基础。

二是了解佳佳，在佳佳与父母沟通不畅的情况下，作为知心姐姐倾听佳佳的声音，了解孩子最真实的想法与需求，消除孩子的不满。通过老师的身份，在佳佳与父母之间起到桥梁与纽带的作用，对于佳佳父母的不理解，针对性地进行干预，解开佳佳与父母之间的误解。

三是鼓励佳佳。在安抚孩子的情绪并了解清楚孩子的诉求之后，我开始针对性地鼓励孩子，帮助孩子更勇敢地表达自己。之前，孩子通过哭闹、消极应对学习等方式,并没有改善自己与父母的关系,反而加深了父母对自己的误解。因此,我采用鼓励的方式,让孩子学习改善自己与父母的沟通方式,通过简单直接的表达让沟通更顺畅。

四是对佳佳父母提出建议。二孩家庭应坚持正面教育,避免直接比较,同时兼顾差异,并进行针对性的引导。因此,在与佳佳父母沟通的过程中,我也提出了一些符合教育规律的想法与建议,包括增加亲子活动来改善孩子与父母间的交流,善用沟通的措辞与语气,让孩子在轻松的氛围里成长,鼓励孩子自主学习,提高自觉性。同时,建议佳佳父母调整佳佳的课余时间,减轻课余压力。

对于孩子来说,学校生活与家庭生活是不一样的,与老师、同学的相处和与家人的相处也是不一样的。与父母的沟通应当及时、有效,这样才能在第一时间发现问题、解决问题。

经过一系列的安抚与交流,佳佳终于变回当初那个人见人爱的"小可爱",学习态度也更认真主动了。

很高兴,功夫不负有心人,佳佳没有让我失望。作为老师,首先要善于观察孩子的状态,了解孩子的想法,及时发现问题并进行干预;教学方法不能单一化,要合理选择,灵活运用。另外,虽然我们在学校里教的是孩子,但与孩子父母的沟通同样非常重要,教会孩子父母用科学、积极的方法教育孩子,这也是对孩子教育持续性的保障。

(撰稿人:孙思雨)

案例二:妈妈,再爱我一次

一、案例描述

一天中午,我在教室里认真批阅着学生的作业,总觉得教室外有一个人影在晃动。猛一抬头,看见一位衣着朴素的家庭妇女正朝着教室里张望,她的目光一直在焦急地寻找着什么。当她与我的目光触碰在一起时,她的脸上立刻显现出无奈,好像有什么难言之隐。我立刻起身快步走出教室问道:"请问您找谁?有什么需要我帮忙的吗?"

"我……我是小黄的妈妈,"她愁眉苦脸地叹了一口气说道,"你是小黄的新班主任吧，我想咱们俩到那边去谈谈吧。"

顺着她指的方向，我们来到了三楼的楼梯口，她重重地叹了口气继续说道："您可能知道我和小黄的爸爸几年前离婚了，现在又组成了新的家庭，还有了一个女儿。我已经一年左右没见到孩子了，今天是她的生日，我想见见她……"

还没等她说完，我兴冲冲地说："那好啊，我带你去见孩子！"我正想拉着她的手回教室，没想到她竟然向后倒退了几步，为难地说："我害怕，孩子现在一直由她奶奶带，我和她爸爸离婚就是由于孩子奶奶的干涉造成的，她对我有偏见，在孩子面前说了不少偏激的话。一年前我来到学校，孩子看见我扭头就要跑，哭闹着不肯认我，今天我鼓足勇气来，思想斗争了一个月了，天天晚上睡不着觉啊，您还是帮帮忙叫她出来好吗？"

"怎么会？母亲看自己的亲骨肉是天经地义的，难道女儿最亲的不是自己的妈妈吗？"几个大问号在我的脑海中不停地闪现着。在我的眼里小黄可是一个乖巧听话的好学生，她那清澈如水的眼神、甜甜的微笑、银铃般的笑声让我对她十分疼爱，当然还有我一接班就得知她是离异家庭的孩子的缘故。

我不再多想，快步来到教室，把小黄叫出来，笑眯眯地对她说："小黄，今天是不是你的生日啊？"

"您怎么知道的？"孩子的脸上立刻闪现出一丝惊喜。

"我嘛……"我顺手朝不远处一指："喏，是她告诉我的，今天她可是特地来看你的！"

她仰起头，朝我手指的方向看去，脸上立刻收起了刚才的一丝喜悦，柳眉倒竖，杏眼圆睁，冷冰冰从嘴里蹦出了一句让我感到陌生的话语："我才不要见她呢，看都不要看到她！"

"她可是你的妈妈呀，今天是你的生日，她来看你，好歹去打个招呼呀！"我有点生气了，这孩子怎么这么倔强。

"她早就不要我了，好久都没有来看我，奶奶说她已经好几个月没给生活费了！"小黄一脸不屑的样子。

"但她毕竟是你的妈妈，这是改变不了的事实，林老师陪你去跟妈妈说说。也许你和妈妈之间有什么误会呢？"我拉起她的手，能强烈感受到她的不情愿，一小段路，我们走得很慢很慢……

终于来到了她妈妈面前，小黄妈妈迫不及待地说："妈妈来看你啦……"

还没等妈妈讲完，小黄"哇"的一声哭了出来，好像有满腹的委屈要宣泄："你来看我干吗……你不是不喜欢我，不要我了吗，你走！呜呜呜……你走！"

"我……"小黄妈妈好像被吓坏了，竟愣在那里呆呆地看着，半天说不出话来。

我赶紧提醒她："快抱抱孩子，你都一年没见着她了，你不想她呀？"此时与孩子多说无益，母亲温暖的怀抱才是孩子最好的慰藉。

小黄妈妈不由分说，一把拥孩子入怀。我不忍心打破这动人的场面，于是悄悄地走到远处，默默地注视着，等待着。

过了好久，小黄才和妈妈来到教室找我，教室里空无一人，学生们都去操场上体育课了。我让小黄说说心里对妈妈最大的期望是什么，她此时已不再那么激动，看着妈妈一字一句地说："我希望妈妈经常来看看我。"

"我以后一定经常来看你，妈妈是爱你的，今天妈妈还订了一个大蛋糕送给你呢！"

"小黄，你看妈妈还是爱你的，没来看你可能有什么苦衷吧，我们要心胸宽广，多体谅妈妈，好吗？"和蔼可亲的话语，说得小黄低下了头。于是我让她先去上体育课，与小黄妈妈谈起了心。我从她的口中得知：由于家庭中奶奶对许多事的干涉，使得父母双方矛盾重重，最终以离婚收场。女方后来又重新组织了家庭，孩子归父亲和奶奶抚养，奶奶为了不让孩子与妈妈亲近，每到母亲来探望孩子的时候，要么横加阻拦，要么开口闭口要妈妈另付孩子的抚养费，使得妈妈不敢来看孩子。听完她的诉说，我就引导她："你们大人之间的恩怨不能把孩子夹杂在其中，孩子刚才对你的抗拒是很正常的，你不能因为害怕面对以前强势的婆婆，而忽略对孩子的关爱。母亲对孩子的爱是任何人都阻挡不了的，再困难也要经常看孩子，现在的孩子很聪明，只要你付出了，总有一天她会理解你的。"听了我的一番话，小黄妈妈表示今后一定经常去看望女儿，我的话坚定了她的信心，临走时她拿来一个精致的大蛋糕，希望给孩子过一个难忘的生日，我组织全班小朋友一起给她过了一个热闹精彩的生日会。我又看见了小黄那甜甜的微笑。我语重心长地对小黄说："妈妈还是爱你的，她现在待业在家，这个蛋糕可是她省吃俭用买给你的，要爱自己的妈妈呀！"

"我回家再劝劝奶奶，让妈妈来看我，妈妈还是爱我的。"看着她一脸天真地喃喃自语，我的心隐隐作痛，看来今后对孩子的关爱和对家长的教育引导任重而道远。

不幸的婚姻已经带给孩子不幸，离婚后父母要做的应该是尽自己的最大努力去弥补，去加倍地爱孩子、关心孩子，不要在孩子面前中伤对方，否则是对孩子的最大伤害。

二、案例分析

离婚对于不幸家庭中的父母本人可能是一种解脱，但对于这个家庭中的孩子却可能是一种灾难，有可能给孩子的一生带来精神创伤。作为父母，如何把离婚给孩子造成的伤害降到最低限度呢？

夫妻双方应本着爱孩子的"主旋律"，在道德上诉诸自律精神，诉诸父母的良知，诉诸亲情的责任感，各自守着一条不伤害孩子心灵的底线。

双方在离婚前应达成默契，在孩子面前不争吵，努力保持表面上的和谐关系。同时，父母可在日常生活中不经意地与孩子商量："如果爸爸妈妈准备分开住，你有什么想法？""爸爸（妈妈）想同你商量一件事，爸爸妈妈想分开生活，你愿意跟爸爸（妈妈）一块住吗？"这样慢慢向孩子渗透，可以使孩子有一定的思想准备。

在离异后，特别是与孩子一起生活的父亲或母亲，务必要调整好自己的心态，避免在孩子面前过多地流露自己的悲伤情绪。同时控制自己的言行，尤其不要在孩子面前讲原配偶的坏话，更不能把孩子作为传递敌对信息的工具。父母应该记住，当你在孩子面前讲他爸爸（妈妈）坏话的时候，会伤到孩子的心。所以，离异的父母不要将仇恨的种子撒在孩子心里，给孩子增加无谓的负担，不要把自己的希望完全寄托在孩子身上，让孩子承受无法承受之重，也不要让孩子分担自己的不幸。

三、问题解决

一是对孩子进行心理疏导，使其调整心态。父母离异的孩子不愿向别人说心里话，长期压抑在心里就成了一种心理负担，会产生心理疾病，因此，对其进行有效及时的心理疏导是很有必要的。家长和老师应经常主动地接近他们，和他们谈心，使他们产生亲切感，让他们能够把心里话说出来，排除心中的烦恼，以正常饱满的情绪投入学习、生活。

二是在生活上给予孩子无微不至的关心和帮助。这部分孩子因父母离异，缺少父母的关心、爱护，有的甚至在生活上有困难，所以老师在日常的学习生活中要多给予关心，使他们在点滴的关心中感受到温暖，增强他们对生活、学习的信心和勇气。针对那些生活上有困难的孩子，要及时地给予物质帮助，使他们无后顾之忧。

三是在学习上要多辅导、多鼓励。学习成绩差是父母离异孩子最明显的表现，如果不及时辅导，久而久之，成绩就会越来越差。这就需要老师多花时间对他们进行辅导，上课时要多对他们进行提问，多给他们练习的机会，平时对他们的点滴进步也要给予表扬、鼓励，使他们树立学习的信心。

四是使他们培养一种爱好，转移注意力。离异家庭的孩子往往会长期沉浸于父母离婚的烦恼之中，思想上总是想不开，这时老师可以使他们培养一种兴趣爱好，让他们把注意力转移到兴趣爱好上去，从而减少因父母离异带来的孤独和烦恼。

在教育和引导小黄和她妈妈的过程中，我深切地体会到教师要广泛、深入、细致地了解学生；同时，还要走近学生，走近他们的心灵，做他们的朋友，用自己的爱心去感染学生，满足他们的心理需要。

（撰稿人：林晨楠）

第六章　学生学习能力培育的行动探索

对学习本质的探索是一个历久弥新的命题。随着知识经济社会进程的加速，世界各国都将教育置于非常重要的战略地位，更将学习推向了教育舞台的中心。在这一过程中，学生学习能力的培养被置于更为重要的层面，培养学生适应未来的学习能力与素养业已成为教学实施的重要目标向度。

第一节　学习动力激发的理论阐释与实践案例

学习是主体感知周围事物、获得知识经验、改变观念、开发潜能的行为方式。教育工作者必须重视想学、要学、会学和好学四个方面，只有当学习者在想学和要学的状态下，教与学才可能真正展开。因此，有效激发和调动学生的学习动力是真实有效教学的关键。[1]

---

[1] 高先列.学习内动力的构成与激发策略［J］.教育科学论坛，2019（1）：5-10.

一、学习动力的内涵阐释

1957年,苏联教育学家姆阿达尼洛夫在激发学生学习积极性问题研究中首次提出了"学习动力"的概念。在众多的关于学习动力的研究中,学习动力往往与学习动机表达相同或者相近的意思。心理学家奥苏贝尔认为,学校情境中的学习动机应包括三个方面的内驱力成分,即认知内驱力、附属内驱力、自我提高内驱力,三种内驱力会随着学生年龄的增长而发生变化。我国学者林崇德认为,学习动机是学生学习或认知活动的动力,主要指学生学习活动的推动力,又称学习动力;[①]陈善晓等认为,学习动力是学习主体对学习行为价值判断基础上的心理驱动总和,是由学习动机、学习兴趣和学习态度等非智力因素组成的;[②]张素华指出,学习动力应该包括学习动机和自我效能感两个方面,学习动力是学生学习的重要影响因素。[③]虽然研究者的界定有所不同,但是共识是学习动力是推动学习的根本动力源,要提升学生的学习成效,必须从激发学生的学习动力入手。

二、学习动力培养的实践案例

案例一:寻回遗失的珍宝

——如何激发学习动力

一、案例描述

从教多年后,我还一直记得这个孩子。接班的时候,君君三年级了,他上课要么插嘴、要么走神,作业拖拉、字迹潦草、错误率高,学习成绩中等偏下,所有老师对他的印象都是如此,就是这样一个让很多老师都头疼的男孩儿,引起了我极大的兴趣。我一直觉得,把公认的好学生教好是合格教师的标准,把公认的"坏"学生教好,那才是真正优秀的老师。

在与君君的交谈中,我发现他的语言表达能力特别强,且通过沟通了解到他

[①] 林崇德.学习与发展[M].北京:北京教育出版社,1992:27-28.
[②] 陈晓善,张兴红.从大学生学习动力现状谈加强思想政治工作的时效性[J].中北大学学报,2008(6):17-19.
[③] 张素华.家庭心理环境与自我学习动力之研究[D].天津:天津师范大学,2012(12).

的父亲是500强企业高管，母亲是大学老师，他很为父母的成就自豪。而当我与他的父母交谈时，他们却为这个孩子感到深深的忧虑，同时觉得他没有遗传到他们的优秀基因而感到丢脸。

我通过观察发现，君君课后虽然很想找同学聊天，但其他同学都不爱搭理他，他唯有找我这个下了课看着"闲"来无事的数学老师聊天。起初，他总是说，我总是听。后来终于有一天他问我："你有什么想告诉我和我分享的？"我意识到，时机到了。我跟他说："其实我觉得你说的事情特别有趣，知识面也很宽，所以我每次都听得很认真。如果你只是在下课的时候说，上课不插嘴，多倾听其他人，我相信会有更多的人愿意听你说话。"慢慢地，他上课插嘴少了，倾听多了；走神少了，发言多了。我们还是像以前一样，下了课就聊聊天。以前他夸耀自己的父母比较多，现在会谈到很多自己和同学的事情。我也表扬他的进步，还告诉如果他能把作业上的字写得端正些，我就会在全班同学面前表扬他。

果然，第二天他交上来的作业字迹比之前端正了不少，看得出他做得很用心，正确率也高了很多。我一如之前向他承诺的那样，当着全班同学的面表扬了他，还让大家传阅他的作业。当同学们发出赞叹声时，他的脸上反倒露出了少有的不好意思的神情。等到下了课，君君非常兴奋地找我聊天，此时，我又进一步对他提出了新的要求：一方面要保持书写认真，另一方面还要更加细心，提高作业的正确率，并承诺他有不明白的地方，可以随时请教我。那天放学，我又特地联系了他的父母，告诉他们君君的进步，请他们在家中少批评，多帮助和鼓励，使他能够把这些好的改变坚持下来。

在这之后，君君有时上课也会插嘴，但是次数越来越少；作业也能按时交了，字迹也端正多了。就这样经过了两年，到升入五年级的时候，他的成绩已经有了很大的进步，基本稳定在班级的前列。

二、案例分析

儿童天生都有好奇心，学习的动力是与生俱来的。为什么有的孩子会出现学习动力不足，或者说看起来不爱学习的情况呢？其实，他们并不是生而缺乏学习动力，而是在成长的过程中，由于成人失当的行为引导，"遗失"了珍宝——学习动力。导致这种现象的原因有以下几个：

第一，家长或者教师过分看重学习结果。我观察了一些幼儿园的孩子，并访谈他们的父母后发现，把他们送到各种学前班，很少有孩子不愿意去，因为他们认为这是"玩"的一种形式。但当家长对孩子参加这些班的学习结果有了要求后，孩子就开始不愿意去了。因为当孩子达不到成人对其学习结果的预期时，学习使他们有了挫败感，不再好玩儿，自然就开始逃避了。案例中的君君就是如此，通过和他的对话可以得知，他处处以父母为骄傲，也就很在意父母对他的评价。但父母却因为他不尽如人意的学习成绩而觉得羞于启齿。父母的这种基于学习结果的"差评"，是君君丧失学习动力的原因之一。特别要引起注意的是，这种情况在父母优秀的家庭中并不少见。父母往往因为自己的优秀而对年幼的子女有格外高的要求，一旦子女达不到就对其表示失望，这其实非常打击年幼孩子的学习信心和动力，父母应格外注意避免。

第二，学习过程中得不到帮助和鼓励。每个孩子在学习过程中遇到的困难不同，需要不同的帮助和鼓励。如果遇到困难得不到帮助，获得进步得不到鼓励，他们就会在学习中渐渐失去方向和动力。例如，君君喜欢插嘴，却说不到点子上；下课他想找同学聊天，却不受待见；其他学科的老师都对他的插嘴感到厌烦，却没有人去帮助他，这就使他进一步丧失了学习的方向。父母和老师要看到孩子想表达本身不是一种错，而是一种想要学习和获得肯定的表现，只要对他加以引导和鼓励，就能使他学会适时表达、适当表达。解决问题往往始于正确地发现和分析问题，基于此我开始尝试帮助君君改变，寻回学习动力这一遗失的珍宝。

三、问题解决

教育的目的不仅仅是教会学生知识，更是教会他获得做人的尊严感。要让孩子爱上学习，教师和家长就要克制住"想要孩子成绩好"的功利心，看淡学习结果，实实在在地给予孩子帮助和鼓励。

第一步，缓解学生面对学习和老师的紧张感。让人感到有较大压力的学习，自然没有动力可言。越小的孩子，压力越容易来自他人，如家长、教师、同学等。因此，作为数学老师，我没有马上对君君的学习成绩提出要求，而是关注到他的表达强项；对于他上课插嘴，我没有剥夺他说话的权利，而是让他把说话的权利用到课后。这两个举动,极大地缓解了君君面对数学老师和数学学习的紧张感,而且对我这个数学老师产生了浓厚的兴趣。

第二步,给出正确的学习方法,并引导学生坚持。每门学科都有不同的学习方法,多数学生学习成绩不佳都与学习方法不当有关,只要加以恰当的引导,就能有所进步。当然,使学生的学习成绩提高不是目的,而是通过成绩的提高,让学生获得自信,进而对学习本身产生兴趣。当通过课后聊天逐步取得君君的信任后,我就适时地向他提出各种学习的建议。例如,改掉插嘴的习惯,多倾听;书写端正,提高正确率等。在这个过程中,再加以适当的鼓励,使他感受到这些改变为他带来的"好处",这样他就更愿意去坚持。一旦坚持,学习成绩必然提高,对于学习也就有了信心。

第三步,阶段性地肯定学生学习的进步,指出努力的方向。孩子对学习的热爱不是一蹴而就的,学习必然是辛苦的,是一个不断克服困难、螺旋上升的过程。因此,教师和家长要做的是在每一个阶段都给予孩子肯定。君君书写进步,无疑是一个契机,我在全班同学面前及时表扬,其实也是阶段性地肯定他的进步,这不仅仅只是为了兑现承诺,更是因为时机成熟了,该对君君前一阶段的进步作出总结和鼓励。同时,借此机会对他提出了下一阶段努力的方向。在这个过程中,还需要得到家长的积极配合,把方法教给家长,促成有效的家校合作,共同帮助孩子寻回学习动力。

我们只有放下对学习结果的功利心,才能让孩子卸下防备、放下压力,再次亲近学习。作为家长和老师,切莫因为自己对学习结果的追求,伤害了孩子那一颗渴望求知的心。学习始于兴趣,只有拥有不竭的学习动力,才能帮助孩子不断攻克难关、取得进步,享受学习带来的乐趣。

(撰稿人:王婷婷)

案例二:我能迎难而上
一、案例描述
  班里的小郑是个特别的男生,他活泼又天真,四年级刚接班时,他会主动走到我身边表现出亲昵的模样。然而没过多久,我发现和同龄人相比,小郑的情绪调控能力不足,这使得他的学习动力"转瞬即逝"。例如,课上回答问题如果不正确或者没有得到老师的表扬，他就会很失落，低头在桌兜里翻课外书看；趣味口算抢答环节，他只要遇到未算出的题便会懈怠，嘴里嘟囔着未解之题，不愿再继续。有一次，小郑作业中的错误多次未通过订正，他便着急地跺脚、摔笔，然后放弃订正奔向教室门外，我急忙去寻，最后在走廊里找到了他，问道："就剩一题啦，真的不去解决它？老师来帮你。"他一脸不舍地将眼神从书中移开，说了一句："我不会，不想做了"，便又埋头看书，沉浸在自己的世界。

他的举动令刚入职的我百思不得其解，这么一个爱看书的孩子，为什么在学习上不肯下功夫？真的要让情绪影响到他的学习吗？

通过与其他学科老师及小郑父母接触后，我发现被这一问题一直困扰着的不仅仅是我，小郑的母亲向我反映，遇到数学难题时，孩子容易急躁，喜欢向父母询问答案，不愿主动解决问题。低年级时的小郑能在父母的安抚下冷静思考，而现在变得有点"听不进话"，如果从家长那儿得不到满意答复，便会显露出不耐烦的样子，称可以早上来校问同学（其实是在逃避）。

二、案例分析

被拒绝、被否定不利于学习动力的激发。在学校教育条件下，学习行为是与间接需要（胜利、交往等）的满足联系在一起的。例如，好分数与受尊重相联系、积极学习的行为与受表扬相联系。为满足这些需要，学生便积极努力学习。当小郑面对学习难题时，一开始是有兴趣去思考解决的，但当他绞尽脑汁思考出来的方法得不到老师、家长肯定时，挫败感便会削弱学习动力。也许其他同龄人可以自我调整情绪，迎接下一个挑战，但小郑需要同伴和老师的鼓励、支持。心理学研究表明，获得同伴、老师的承认和接受是建立个人安全感的基础，可以为学生积极探索、最大限度发挥潜能创造条件，而一个学生缺乏学习动力常常是由于被同伴孤立、被成人拒绝。小郑情绪自控能力弱，激动时难以明确表达自己的诉求和想法，在班级没有特别亲密的伙伴；在家里，父母因工作繁忙，更多关注的是孩子物质上的需求，缺少时间和方法去关注和调节他的情绪。

在家里缺乏好奇心、求知欲等认知需要的培养，仅外部奖励可能适得其反。小郑的父母在三年级时意识到了孩子学习动力不足的问题，首先采取的方法是奖励制，如果取得了一次好成绩，便会奖励他出游机会或者乐高玩具。但奖励制的效用并不长久，随着年龄的增长，物质奖励不再能满足小郑，他对于学习的消极情绪不减反增。

其实，这样的情况不仅出现在小郑一个孩子身上，心理学家通过研究证实，奖品等外部奖励可能削弱孩子的学习动机。也就是说，当学生学习的诱因不再单纯是为了兴趣和好奇心，而夹杂了对奖励的期许时，对于缺乏探究意识和求知欲的学生来说，一旦奖励消失，便可能出现学习懈怠的情况。

什么才能真正激发孩子的学习动机呢？是需要！需要能够促进学习行为，它是情绪的基础，学习的需要可以诱发丰富的情绪情感。例如，探究倾向、好奇心（认知需要）如果没有发展成为稳定的求知欲，就不可能产生对知识追求的喜爱，从而对学习起促进作用。我观察小郑的课余表现，发现他极爱看书，喜欢把书中感兴趣的图案描绘下来。如果父母和老师主动去了解他爱看的书，与他讨论他所感兴趣和好奇的领域，便能更接近他的内心世界，这对促进他产生学习动力大有裨益。

三、问题解决

第一，安排可靠小帮手，组建"学习拍档"，营造群体学习氛围。除了直接学习动力和间接学习动力外，现实教学中还存在一种对集体责任感的道德动力，比如，在合作学习的氛围中，小组成员共同承担成功和失败，这能激发出一种共同努力、集体负责的动力。因此，我有意识地寻找有责任心的孩子与小郑组成"学习拍档"，这样在学习过程中，他不再是一人独自承受挫折感，从而减少消极情绪产生的可能性。

在与家长、小郑几次沟通后，我发现小郑常会提到同学琪琪的名字，当我细问时，他便说道，琪琪是与他同一小队的队员，在小队活动中会主动带着他一起参加。他提到的琪琪是个有耐心、善良的孩子，坐在小郑的左边，两人接触的机会多。了解了情况后，我有意安排琪琪和小郑合作学习。一次，小郑遇到订正问题开始抓耳挠腮，我看到他一脸的沮丧，心里暗想"这下不好"，而此时我正在批改其他学生的订正作业，一时无暇顾及，便询问琪琪是否愿意当小老师教小郑，琪琪善解人意地答应了。当我再次抬起头时，发现刚才还情绪不稳的小郑正和琪琪讨论着解题思路，随后奋笔疾书，恨不得马上将正解拿给我看。两周以后，我又诧异地发现，小郑遇到问题时不再弃笔走开，而是先耐心思考一阵，问及原因，他说："琪琪让我先思考再去问他，有时再想一想我就会了。"

此时，我恍然大悟，同伴的"教"有时比老师的"教"更有效！教育家陈鹤琴先生提倡的"儿童教儿童"就妙在这里，较之老师的教导和批评，琪琪对小郑的主动关怀和指导让他更易于接受。可见，同伴间的合作互助更利于学习积极性的激发。

第二，设身处地，创造机会，激发学生的学习自信心。每个学生都渴望成功，希望得到他人的肯定与认可。教师要给学生创造机会，使其获得成功的体验，增强学习自信心。比如，在学习如何用圆规画圆时，小郑一开始画不出完整的圆，有时会因着急而把纸戳破。所以，当小郑画出半个圆时，我有意向全班展示了他认真描绘的作品并请他上台说自己的做法，当他回到自己的座位时，已满怀信心，拿起圆规继续画圆。此外，因为小郑爱看书，所以在课前预备铃时间，请他在全班同学面前讲述曾读到的数学小故事。每一次的台前表现，是我给他制定的小目标，渐渐地，他愿意主动发言，讲某一问题的解决思路，而我则是给予鼓励的话语或微笑的表情，让他意识到自己的进步，从而在心底增强自信心。

第三，投其所好，以书为媒，给予学生尊重和肯定。有一段时间，小郑总忘交作业，家长反映孩子在家不够抓紧时间。当我请课代表带着他来办公室时，他没有试图辩解，而是挣脱课代表的手，想着跑开。想必在办公室的环境中，小郑会感觉紧张，这不利于沟通。我便请他到阅心廊坐坐，这是学校里他最喜欢的地方。我首先拿出事先准备好的"法宝"——可爱毛绒球，这是他很爱玩的物件，这时他不再紧张。当时，我没有立即追究作业未交的缘由，而是对他爱阅读表示肯定："最近总看到你来这看书，看书真是个好习惯，最爱看哪本书呀？"此时，他才肯开口，断断续续地说出书名。等他情绪平复下来后，我对他说："如果作业及时交，在家里抓紧一点，便有了更多的时间去看书，不是吗？"小郑眨眨眼。我趁机提出午间去阅心廊看书的奖励，他眉开眼笑地答应了，此后作业忘交、迟交的情况鲜有发生。

借儿童亲近的地方和物件营造舒适的谈话环境，有利于稳定儿童的情绪，使师生之间顺畅沟通，再结合恰到好处的奖励，有利于激发孩子的积极情绪情感。

每个儿童都有自己独特的天性，无论对小郑还是其他孩子，都应该有一套"量身定制"的对待方式。老师和家长应该持续关注孩子,及时调整自己和孩子的相处方式。我们是陪伴者,唯有充满爱意和设身处地的教育策略才能温暖其心,更利于激发儿童的学习动力和潜能。

(撰稿人:喻意钦)

第二节 学习兴趣培养的理论阐释与实践案例

对兴趣的研究最早可追溯至1913年杜威的《教育中的兴趣和努力》一书。[1] 20世纪80年代以来,随着教育领域对于学生主体地位的日渐重视,学生学习兴趣的培养迎来了研究的高潮,如何培养和提升学生的学习兴趣,也逐渐成为教育研究和实践的重要命题。

一、学习兴趣的理论阐释

兴趣是一个古老而又不失活力的话题。从心理学到教育学,从一线教师到专家学者,都对学习兴趣的研究投入极大的热情。在我们看来,可以从以下三个方面理解学习兴趣:

其一,觉察是学习兴趣激发的逻辑起点。许多学者认为,兴趣起源于注意,注意是兴趣产生的保证。我们则认为,觉察是兴趣发生的逻辑起点。因为在"意识"的范围内尚存在一些区域,即学生对许多现象没有明显的注意,这些现象也并没有处于学生心理活动的中心地带,但却对学习兴趣的孕育萌发起到了影响作用,这就是学生对事物的觉察。

其二,学习兴趣发生的条件是主体状态的满足。觉察仅仅意味着感受到某些现象或刺激的存在,觉察到的现象仅存在于学生心理的边缘地带。仅仅有意识的存在还不足以产生兴趣,兴趣的产生还依赖于学生的主体状态。只有当学生通过觉察获取的与客体相关的信息和学生的主体状态发生作用时,学习兴趣的发生才

---

[1] 赵兰兰.学习兴趣研究综述[J].首都师范大学学报(社会科学版),2006(6):107-111.

成为可能。主体方面主要是指学生自身的状态,包括需要、经验等;客体方面主要是指学生在学习活动过程中通过觉察获取的与客体相关的信息。

其三,学习兴趣形成于认知结构的建构过程。学习兴趣的形成,既受到现象或刺激物特征的影响,又受到主体状态的制约,但兴趣不是由主客体单方面决定的,而是取决于主客体之间的相互作用。兴趣的形成既不能看作是由主体内部的状态预先决定的,也不能看作是由客体具备的特征决定的,而是伴随着存在于主客体之间的中介物——认知结构的不断建构而实现的。[①]

二、学习兴趣提升的实践案例

案例一:一个都不能少

——让孩子爱体育,更爱体育课

一、案例描述

让每一位孩子喜欢我的体育课,是我当老师之后的最大梦想。在体育老师的行业中流传着这样一句话:"孩子天生爱体育,但不一定爱体育课。"我一直不拿这句话当回事,直到有一天,我遇到了桐桐。桐桐是一个从小体质较差的孩子,隔三岔五因为感冒、咳嗽、肠胃等身体问题递交病假单,申请体育课休息,在一旁看大家上课。有一节体育课,孩子们在进行篮球运球游戏时,桐桐跑来我的身边,低声问我:"李老师,我也想玩,可以让我加入吗?"我瞪大眼睛回答她:"不可以,妈妈写了请假条让你休息。"看着她的小眼神,我们最后协商,让她拿一个篮球,在不影响大家的角落里自己运球。因为放心不下生病的她,那一节课,我一直用眼睛余光关注着她,我发现她玩得很开心。之后的体育课上经常会发生这样的情况。后来,通过与桐桐家长联系,了解到孩子体质较差,一有咳嗽、感冒等小问题,孩子就主动申请不上体育课,而家长也表示应允。长期下来,桐桐养成习惯,稍有不适便请假休息,而在同伴们进行游戏时,她又想参与。

【案例分析】

经过与家长及孩子谈心后,我寻找到了桐桐身上存在的一些问题:

---

① 段作章,田业茹.学习兴趣的发生学探析[J].教育科学,2012(3):33-37.

问题一：家长怕运动之后孩子生病。长期以来，桐桐家长一直以孩子体弱多病为由，从幼儿园开始就很少让孩子参与体育运动，他们觉得孩子平时免疫力差，容易受病原体侵袭。而桐桐本身也因为长期以来受到特殊照顾，将请假当成理所应当的事情，只要有感冒、咳嗽等症状，就会提出体育课请假，家长也会同意孩子的请求，长期以来，孩子就越来越缺乏锻炼。

问题二：桐桐喜欢体育课上的游戏，但不喜欢队列、广播操等基本技术技能的学习。在小学体育课堂中，一节体育课分为两部分，第一部分为基本技能的学习，出于安全考虑，要求相对严格；第二部分为综合活动，往往会通过技能结合游戏的方式进行教学实践。所以，从孩子的本能选择，桐桐喜欢第二部分的学习内容。也正因为如此，才有了桐桐等到综合活动开始后就请求归队的现象。与孩子深入交流之后，我发现孩子不喜欢被拘束，不喜欢反复做同一个动作，因为觉得无趣。

问题三：传统的技能教学过程中，教学方法存在单一性。会不会有更多的孩子不喜欢传统的技能教学方法呢？从桐桐的身上，可以反映出我们课堂中存在的一些问题，在课堂常规练习以及技能教学方面，我们缺少"兴趣化"的设计与实践，不能很好地吸引学生。

二、问题解决

寻找到问题之后，我努力想办法解决桐桐的难题。

一是家校互通，鼓励孩子多参与体育运动。桐桐家长害怕桐桐运动出汗之后感冒，所以一直叮嘱孩子上课时即使再热也不能脱衣服，其实这样更容易使孩子生病。对此，我与家长沟通，让孩子学会自我体感体验，学会适当穿脱衣物，学校老师也会关注孩子的运动情况，及时予以提醒。

二是多与桐桐沟通，鼓励她多参与体育课的学习。桐桐非常喜欢体育课，但对于要求比较严格的学习内容会排斥并逃避。因此，我请同伴们多鼓励桐桐迈出上体育课的第一步。经过多次观察，我发现桐桐很喜欢球类运动。于是，我问她："如果你想要学习自己最喜欢的运动项目，必须通过每一节课的基础练习，你愿意一起来上体育课吗？"起初她还是犹豫的，后来，我找了一段篮球巨星的训练视频，她看过之后感触颇深，主动表示愿意参加体育课的学习。

三是改变教学方法，提高课堂的"趣味性"。从桐桐的个案发现，教师需要寻找课堂本身存在的问题，进一步改进课堂教学，让更多的孩子喜欢上有意思的体育课。比如，在学生不太喜欢的队列练习中使用常见的扑克牌做道具，按学生身高发放不同花色的扑克牌，让他们每节课带上这张扑克牌，一周之后，他们就能记住自己的站位了；在跨越式跳高学习中，可以将最常见的报纸放在孩子们的脚尖，让他们直腿摆动，让报纸飞起来，解决孩子们直腿摆动问题；在蹲踞式跳远学习中，可以将体操垫做成行军囊，变化不同的高度、距离，让孩子们不断完成更大难度的跳远挑战；在持轻物掷远学习中，可以将一个会飞的"灰太狼"气球放在适合孩子们的高度，让孩子们更为直观地了解什么叫出手角度。一位"贴心"的体育老师，在一些教学细节上作出变化，就会让孩子们学得更开心。

（撰稿人：李萍萍）

案例二：增强自信，快乐学习

一、案例描述

在班级中，有这样一位普通的学生小徐。平日里，她不太爱说话，比较文静。课堂中，小徐同学也不爱举手，很少主动回答问题。听课时，她会有分心的情况，在课堂学习进行到一半以后，经常会进入神游状态。在完成作业和习题的过程中，小徐一旦碰到比较复杂的题目，便会因为粗心而出错。在面对需要学生灵活应变的题目时，她更是难以应对，每次都会栽跟头。长此以往，小徐的学习成绩有些下降。数学学习对她来说似乎成了难题。

可以看出，小徐对于学习数学渐渐失去了信心。有一次，在做不出练习题的时候，她在教室里当场急得落泪。作为老师，我看在眼里，急在心里，与她的家长一样，我们都很担心她对数学学习丧失信心，失去学习的动力。

二、案例分析

经过对小徐的观察并与她的家长进行交流，我发现造成小徐数学学习困难的原因有以下两个方面：

首先，小徐本身数感不是很好，数学的基础不牢，所以在做练习题时会感觉比较吃力。

其次，家长在对小徐的学习进行督促过程中，急于求成，导致小徐变得急躁。一旦遇到挫折，小徐与家长都会情绪失控。这样的情况，导致小徐在学习过程中陷入恶性循环，逐渐丧失了对于学好数学的信心。

三、问题解决

课堂中的一个偶然机会，我帮助小徐重新树立了学习信心。在这节四年级的课上，学习的知识内容是"解决问题"。小徐和其他几位同学在解应用题的过程中一直存在一些困难，他们很难分清问题中不同量之间的倍数关系。我额外提示：可以用线段图辅助做题。小徐这次心领神会，在做题的时候注意把线段图画出来，而且她画得非常清楚，也顺利解决了问题。

两天后，在课堂的练习过程中，再次出现了类似的量与倍数问题。在讲解时我进行了提问："哪位同学有好方法解决这个问题？"她举起手，大胆回答，而且她早已画好了线段图。我顺水推舟，将她的本子展示在小朋友面前。班级同学们一阵惊叹——她的字迹清楚，线段图画得准确美观。在展示之后，我表扬了小徐同学。这一次，小徐体会到了学习的成功，她的脸上露出了笑容，因为学习而享受到了快乐，她也逐渐找到了对于学习数学的兴趣。

在此之后，她在作业完成和考试成绩等各方面都慢慢有了进步。更难能可贵的是，她开始能够自己尝试钻研难题，而不再只会退缩。

刚工作时，我还不是很理解课堂教学语言的重要性，不注重表扬与启发，后来开始关注这些方面，并通过课堂教学语言的改善看到了孩子们眼神中流露出的期盼。在回答难题时，小朋友的思维方向错了，我会说："你很敢说，但是请你再思考一下。哪位同学再来试一试？"小朋友就会继续思考下去，不会因为答错而感到难堪。在回答问题还有些不足时，我会告诉他们："你已经讲得很好了，谁再来补充一下？"小朋友就会开心起来，然后认真聆听其他同学的解答。在回答问题特别准确时，我会表扬他，而且会把这个发现命名为"某位同学发现的规律"等。当回答出问题的小朋友是平时很少回答正确的人时，我更会特意让小朋友们给他鼓掌。在师生互动中，小朋友们凭着探究的过程，在老师的鼓励下，逐步树立起解决问题和攻克难关的信心，从而产生学习兴趣。

（撰稿人：秦添）

第三节　学习毅力保持的理论阐释与实践案例

在一个人的成长过程中，毅力和决心是非常重要的，否则，我们的梦想、目标就不容易实现，遇到困难和障碍只会退缩，永远不可能突破自己的局限，取得进步。对于学习而言，毅力的培养和保持更加重要。基于小学生的身心发展水平，他们在学习过程中往往需要经受相应的磨炼，也就是说，学习带给他们的并非全部是愉悦的体验，培养他们的学习毅力对于其一生的发展将是有重要价值的。

一、学习毅力的理论阐释

毅力也称意志力，是人们为达到预定的目标而自觉克服困难，努力实现的一种意志品质；毅力，是人的一种"心理忍耐力"，是一个人完成学习、工作、事业的"持久力"，当它与人的期望、目标结合起来后，会发挥巨大的作用；毅力是一个人敢不敢自信、会不会专注、是不是果断、能不能自制和忍受挫折的结晶。基于这一理解，学习毅力就是学生在学习上表现出来的坚持和忍耐程度。从学理上看，对于学习毅力的理解一般与学习力的概念相联系，学习力是指一个人或一个组织学习的动力、毅力、能力的综合体现，学习力是学习型组织的根基；学习毅力，即学习意志，是指自觉地确定学习目标并支配其行为，克服困难，实现预定学习目标的状态。学习毅力是学习行为的保持因素，在学习力中是一个不可或缺的要素。

二、学习毅力保持的实践案例

好对手让我跑得更久
——如何保持学习毅力

一、案例描述

升入三年级以后，我发现不少学生相比刚刚上学时的好奇、兴奋，已经出现了不同程度的倦怠。随着课业难度的不断加大，学习毅力变得越来越重要。班上的小凯就是这样一个男孩，低年级的时候，我觉得他是一个聪明的孩子，作业完成得很快，课上也有积极的互动。可是最近他的作业质量出现了明显的下降，学习热情也大不如前，还经常出现作业交不齐的现象。发现这种情况以后，我曾多次找孩子谈心，可效果总是一般。每次谈过话之后都会好上几天，他都向我保证好好学习，按时交作业，可过不了几天，又是老样子。

为此，我专门和他的家长进行了一次交流，发现他在家里也有类似的情况，自己的房间经常是乱糟糟的，但是在每次被妈妈教育之后都会收拾得整整齐齐，可过不了几天又回到了原来的样子。

二、案例分析

经过思考和分析，我发现小凯同学难以坚持做一件事情的主要原因在于：

一是给予学生的正向反馈减少，导致学生学习兴趣流失。和低年级不同，升入高年级以后，课业难度加大，不再是考前突击或者临时抱佛脚就能取得好成绩，特别如语文的阅读能力、写作能力等都要靠平时的积累。这就直接导致一些在低年级可以靠"小聪明"读书的孩子一下子不太适应了。

我们知道，想要坚持一件事情往往需要不断地得到正向反馈。像小凯这样的孩子，以前只需要付出极短时间的努力就可以得到这样的正向反馈，自然对学习就有兴趣，而现在这样的办法渐渐行不通了，一段时间没有正向反馈的输入，导致他对学习渐渐失去兴趣也是很自然的事情。

二是学生本身意志力不足。其实，每个人天生都具有一定程度的情绪承受和调节能力，这种能力就是所谓的毅力。这种能力越强，我们就越能够说服自己容忍更多坚持所带来的痛苦。每个孩子都有想要被主流价值观认可的愿望，他们都想成为大家眼中的好孩子。可目标是美好的，过程却是艰辛的。在艰辛的过程中需要不断承受不同程度的辛苦，而这种承受能力正是小凯这类孩子比较缺乏的。

当这类孩子承受了一定量的辛苦时，会激发自身的防御机制，萌发出类似"我不要做好孩子，不要好好读书"的想法，从而避免身心继续承受辛苦，这也是我们每个人的本能。这种本能虽然屏蔽了痛苦，但却阻碍了毅力的产生。

小凯这样的孩子本身聪明，在三年级这个阶段，即使不那么认真去完成所有的作业，课业成绩也不差，短期来看几乎没有什么影响。也就是每当课业的辛苦激发了他自身本能的防御机制的时候,并不会得到有效的负面反馈。简单来说,就是"我今天偷个懒好像也不会一下子变成班级里的后进生",殊不知,从善如登,从恶如崩,与自己的本能妥协,带来的是毅力的消耗,日日如此,不消几个月,就从班级名列前茅变成了在中游徘徊。

三、问题解决

在我们成长的过程中,毅力是一种非常重要的品质,而且是一种年龄越小就越好培养的品质。不过像小凯这样比较聪明的孩子,毅力的培养就更为困难。因为在学习方面,他们往往并不需要多强的毅力就可以得到还过得去的成绩,这种情况不但容易滋生懒惰,甚至也容易让家长因为孩子成绩还可以就忽视了这个问题的存在。随着年龄的增长,到了高年级甚至中学以后,学习毅力缺乏的问题会越来越明显。到那时,有些家长又往往会埋怨甚至斥责孩子不努力,从而导致孩子厌学情绪加重。

为此,我和小凯同学的家长进行了深入交流并提出了解决方案:

一是从小处培养,不放过每个培养孩子毅力的机会。不光是学习,生活中也有许多能培养孩子毅力的机会。比如,坚持长跑、按期收拾房间等。像长跑,在刚刚开始的时候,进步是非常快的,每次都能比上次跑得更久;整洁的房间也能切实让孩子感受到坚持整理带来的成果。万事开头难,将这些容易看到结果的事情作为培养毅力的开始,是一个不错的选择。又如,周末逛街在孩子累的时候,不妨鼓励他多走一段,从而扩大坚持带来的成就感,以此抵消自身偷懒的保护机制。

二是帮助孩子选择一个对手。除了本身的毅力品质提升以外,有一个对手也是非常重要的。伙伴更多的时候能给我们带来安慰,而对手更多的时候能给予我们斗志。小学生没有太多的社会经验,往往比成人更有好胜心,所谓"初生牛犊不怕虎"就是这个意思。三年级的功课难度不高,完全可以通过一段时间的坚持取得很大的进步,这个时候帮助他选择一个同学或者朋友作为对手对其学习毅力的养成很有帮助。

一次,我趁着小凯默写又错得不少的机会,把小凯叫过来,同时拿出另一本作业和他说:"你看,小钱同学一年级的时候只会写自己的名字,基本上是零基础，那时候你不管什么都做得比他好得多。但是经过这几年的努力，现在看看他，再对比一下你自己，你能感觉到差距吗？"

这两个孩子住在同一个小区，刚刚一年级入学的时候小钱是零基础，很多事情做得相对慢一些，为此小凯还嘲笑过人家。果然被曾经的"手下败将"比下去的感觉真的不太好，小凯一下子就不说话了。沉默了一会儿，我对小凯说："算了吧，人家现在和你差距已经很大了，你也不要跟他去比，没什么意思。"此言一出，小凯马上就不服了，连忙说："我肯定能超过他的，老师！"

接下来的一段时间里，我发现小凯同学真的有和小钱同学暗暗较劲的意思，作业都要抢在小钱前面交，在小钱发言时甚至会去纠正他。终于，在一次随堂默写中，只有小凯和小钱全对，而且小凯的卷面更整洁，于是我表扬了他们两个，并且着重表扬了小凯的卷面。小凯的样子别提多得意啦！

三是在孩子不能坚持的时候不应该斥责。毅力培养的过程中要承受一定的痛苦，这时会激发自身的防御机制说服自己偷个懒是很正常的情况，作为家长此时的斥责只会加重他承受的痛苦，使其防御机制激发得更加彻底。家长应在理解的基础上对孩子加以鼓励，孩子有时会比我们想的做得更好。

此后的一段时间，小凯还是偶尔会犯一些迷糊，但是总体上的状态已经发生了很大的改变，成绩也慢慢提升。更重要的是，小凯的学习习惯变好了，学习毅力也在不知不觉中得到了提升。在不能坚持的时候看看仍在奔跑的对手，自然就会有更强的动力。

（撰稿人：钱栩凯）

第四节　学习技巧提升的理论阐释与实践案例

学习是一项兼具科学性和艺术性的社会活动，学习的科学性意味着教与学的过程应该尊重学习的基本规律，尊重学生成长与发展的自然规律；学习的艺术性意味着在学习的过程中应该讲求方式方法，在教会学生知识的同时，引导学生更好地掌握学习技巧，为构建终身学习的能力与素质奠定基础。

一、学习技巧提升的理论阐释

学生学习技巧的提升归根到底是要掌握学习方法，转变学习方式。学习方式是指学习者持续表现出来的学习策略和学习倾向的总和，它不仅包括学习方法及其关系，而且涉及学习习惯、学习意识、学习态度、学习品质等心理因素。由此而论，学习方式转变意味着不仅要转变学生的学习策略、学习方法，还要转变学生的态度、意识和习惯等。在新课程改革背景下，学习方式转变是指使学生从单一、被动的学习方式向多样化的学习方式转变，即让学生的学习产生实质性的变化，提倡自主、探究与合作的学习方式，逐步改变以教师、课堂和书本为中心的局面，促进学生创新意识与实践能力的发展。

二、学习技巧提升的实践案例

案例一：我会自己学

——如何掌握学习技巧

一、案例描述

进入四年级后，我发现阳阳在数学学习上好像开始吃力起来。阳阳乖巧懂事，比起那些调皮捣蛋的小男生，他的确非常自律。上课注意力集中，作业认真，应该说有比较好的学习习惯，但阳阳的成绩却慢慢在下滑，到底哪里出了问题？我对阳阳进行了一番观察，发现他上课很认真，但随着知识点的不断深入，阳阳的眼神中会露出一些迷茫。阳阳的作业书写很认真，但有一些错题再次重现的时候，他还是会答错。我也和阳阳的父母进行了深入沟通，阳阳父母很重视孩子的学习，在家总是认真辅导孩子的作业，也给孩子做很多练习，但总是觉得好像力气用不到点子上。就像我们常说的，这孩子怎么就不开窍呢！阳阳自己也开始慢慢地对学习失去热情，这是非常糟糕的事情，看来孩子目前在学习的道路上处于困境中，需要我们的帮助。

二、案例分析

像阳阳这样的孩子在我们身边并不少见，他们学习习惯良好，刻苦好学，但就是没法取得优异的成绩。其实，这些孩子不是没有开窍，只是没有掌握必要的学习技巧。虽说书山有路勤为径,但只会一味地死用功,绝对是得不偿失的。学习这件事情除了要有良好的习惯以外,还需要有方法。对于像阳阳这样的孩子,需要一些有效的指导与点拨。我找来阳阳,告诉他,我对他认真的学习态度非常肯定,这是维持学习最根本的动力,同时请他相信认真的孩子运气不会差,无论我们在学习上遇到多少困难与失败,对于学习的认真与执着是永远不能放弃的。在学习上遇到一点小困难,这很正常,我和爸爸妈妈都会尽力帮助他渡过难关,希望他也要有信心。我送给他几枚学习小锦囊,希望他能好好使用这些秘籍,成为数学学习的高手。

三、问题解决

针对阳阳的情况,我给予他以下一些帮助:

锦囊一:课前预习

我请阳阳在第二天上课前自己先看数学书,做一些力所能及的预习。我们总以为只有语文、英语可以预习,数学有什么可预习的。其实不然,学习任何新知识前,都可以也需要进行预习。有效的自主预习,对课内学习有很大的帮助。就像我们现在出门自驾游总得先做点攻略一样,课前预习能帮我们更有效地提高上课的效率。数学课的课前预习和语文、英语其实也有许多共同之处。打开书,把下节课要学的例题先看一看,试着做一做,哪一步不明白的做个小标记,定义、概念先读一读,觉得比较重要的可以做上重点记号,上课的时候可以带着这些问题与重点听老师讲解,这样的学习肯定更有效率,对知识点的理解也会更深刻,运用起来也就更自如了。有准备地去听,找出不懂的知识点,发现问题,带着知识点和问题去听课会有解惑的快乐,也更容易掌握。

锦囊二:建立错题本

针对阳阳错题一错再错的情况,我建议阳阳学着用错题本,利用错题本把自己做错的题真正搞懂,并发现自己错误的原因。我们使用一本练习本作为错题本,按题目的类型(计算、概念、应用)进行分类,每一部分又按章节进行归类,这样在复习时就可以按各章节易错知识点查找。错题本分为两栏,左边一栏抄写错题,连同错误的步骤一起记录,然后在错题的下方进行订正;右边一栏书写错误的原因,在总结错题原因的时候,不能简单归因于粗心、不认真或不仔细这类似是而非的理由，而是要认真思考错误的根本原因。当然，刚开始做这件事情的时候我们会发现既费力气，又费时间，而且有时根本写不出原因。所以一开始，我总是耐心地指导阳阳寻找原因，慢慢写多了，心得体会自然就涌上心头。通过寻找错误原因，不仅仅会明白一道错题应该怎样去求解，为什么要这样求解，更重要的是通过错题的整理、分析与总结，培养了孩子的判断、分析、归纳总结能力。

锦囊三：做个小老师

这枚锦囊不仅是给阳阳的，同样也是给阳阳家长的。家长在辅导孩子学习的过程中，总是以师者自居，毫无保留地把自己的想法与经验倾囊相授。家长站在大学生的高度看小学生的知识点，会无法理解这么简单的题孩子怎么就一点也搞不清。其实孩子对于数学的认知有其自身的发展规律，学数学是不可能跨越式发展的，对于家长来说，一是要有足够的耐心，二是要给予适当的辅导。那怎么才是适当呢？不是控制，不是填鸭，而是把自主权还给孩子，让孩子成为学习的主角。所以，我的第三枚锦囊就是让孩子来当小老师。在家庭学习中，让孩子当老师，父母当学生，让小老师把例题的解答过程讲给爸爸妈妈听。在讲解的过程中，孩子用自己的语言来表达，这个过程就是把知识真正内化的过程。即使不会做讲不出也没关系，能解释到哪一步我们就鼓励孩子讲到哪一步，通过这个过程我们可以看到孩子对这道题的思维断点在哪里，那我们的启发与助力就从这里开始，就不会有力气不知往哪儿使的感觉了。在学习过程中，家长要适时助力，同时也要适时示弱退让，让学习成为孩子自己的事情。

三枚锦囊到手，阳阳非常用心地使用，我也看到了他在学习上的点滴变化。阳阳上课比以前更加积极了，和老师、同学的互动越来越多了，发言也变得自信了。一次课后，我看到他热情高涨地给同桌讲解一道比较复杂的数学题，他讲得津津有味，还不时地问同桌懂了吗，真的是可爱极了。我也经常翻看阳阳的错题本，发现孩子已经用得越来越得心应手了，错题的重现也越来越少了。

学习技巧除了以上三条还有很多，有些是各门学科的通用法则，有些则是各门学科特有的，作为老师和家长要适时指导孩子掌握一些必要的学习技巧，帮助孩子尽快入门。更重要的是，指导孩子学会自己不断总结学习方法与技巧，这才是助力孩子学习的有效良方。

（撰稿人：章雅玲）

案例二：像科学家一样思考
——如何提出一个好问题

一、案例描述

和不同班级的孩子们相处久了，我常常会在自然课上发现一小部分学生有这样一种现象：他们在课堂上很安静，但当老师讲述课本上的科学知识时总是有点心不在焉，一双无神的小眼睛直勾勾地盯着眼前的黑板，对于老师讲述的知识没有丝毫的兴趣。有时会不自觉地东张西望，伸手拉拉前面同学的小辫子，用脚踢踢旁边的同学，一块橡皮、一支铅笔、一张纸都能成为他们的玩具，甚至日常生活中细枝末节和微不足道的小东西都能使他们玩得不亦乐乎。

到了自然课的实验环节，留意一下就会发现，他们常常会变得相当地兴奋而且活力四射。在"造纸"实验课上，他们对造纸的原料纸浆特别好奇，一次又一次地把自己的双手伸入盛有纸浆的容器中，企图将纸浆抓在手心里，却又一次次地失败。在"观察蜗牛"的实验课上，他们勇敢地用手触摸蜗牛并聚精会神地盯着在容器内慢慢爬行的蜗牛。然而，当我向他们提问："谁来提个探究问题？"他们却总是低头不语，只有当我邀请他们来回答时他们才会进行思考。

二、案例分析

作为教育者，此时面临的棘手问题是：如何调动这些孩子的积极性与好奇心，让他们学会自觉主动地提问？从日常观察和交流中可以发现，比起提出问题来，这些孩子更习惯于回答问题，他们对大自然的现象拥有些许好奇，然而这些好奇心无法支持并激发他们主动提问，也无法进行深入的科学探索。我对该类问题从以下三个方面进行了分析：

第一，好奇心的根源。我们希望一个健康成长的孩子在童年时期，乃至长大成人之后，能够身心愉悦地做事情，平心静气地关注身边的事情，行动之前认真思考，带着兴趣去认识周围的一切，自觉主动去学习。这些都需要好奇心作为根基，那好奇心从何而来呢？教育家陈鹤琴指出："好奇心对于幼儿之发展具有莫大作用，幼儿凡对于一切新的东西就产生出好奇心，一好奇就要与新东西相接近。"可见，儿童的好奇心来源于新事物。再看上述案例中的孩子们，在课堂上没有展示出足够的好奇心是因为他们没有真正接触到新事物。

第二，内部动力。对各种事物无比好奇的天性能够引导孩子去探索身边的世界，这是孩子学习的内部动力，也是孩子成长的天然激励。孩子通过观察自然界和生活中微不足道的东西，可以满足自己的好奇心，借助于日常积累的生活经验，他们会自发地了解周边世界的自然机制。

第三，外部激励。一旦外部激励取代自发的好奇心，也就是在教学交流的过程中直接把自然万物背后的奥秘一股脑地灌输给孩子，我们也就扼杀了孩子自我驱动的能力，磨灭了孩子的自我意志。最终，孩子会生出惰性，求知欲望消退，失去对事物的好奇心。如果长期受到外部激励的影响，孩子便会倾向于寻找更强烈的感官刺激，而在对一切强力刺激都习以为常后，孩子就会缺乏做事情的欲望，进入麻木的状态。所以，上课时他们对老师讲述的内容不感兴趣，也不会主动去问为什么。

三、问题解决

1. 不做孩子好奇心的终结者

在日常教学过程中我们会经常问孩子问题，当他们回答了以后，作为教育者会怎么回应呢？是不是说："好，答案就是这个。"这可能是在给孩子反馈，但是孩子接收到的信息可能是这样的："如果一个问题有了答案，就算结束了。"这样的后果是，孩子的好奇心止于答案。若是想延续他们的好奇心，不妨试试这样的回答："你的回答，跟这个现象不太一样啊。"这样可以使孩子们不满于自己的答案，以此促使他们进行新的思考。孩子满足于自己的答案，有时是因为他们意识不到这个答案其实不是当下最好的。当给予他们与答案冲突的信息时，会让他们质疑自己，从而进一步提出问题。

比如，问孩子们："树叶到了秋天会怎么样？"他们回答道："变黄，掉下来。"此时，可以给他们举一些常绿植物的例子，问他："这个树的叶子怎么不变黄呢？和你刚刚说的不太一样啊？"他们可能会问："为什么有的树叶不变黄？是什么让他们常绿的？"这样一来，孩子们不但学会了提问，还会利用自己的问题追求更好的理解。

2. 不做孩子观察的旁观者

在引导孩子对科学现象产生好奇心并主动提问时，教育者应该起到推波助澜的作用而不能袖手旁观。这其实和走路一样，学习开始于观察和模仿。孩子不发问，其中一个原因是他们不知道怎么提。教师需要亲自示范如何根据自然现象提出问题。

通过长期的观察和模仿，孩子们就会慢慢学会自己提问。在学校里孩子不发问，还有可能是因为他们不知道如何用语言表达。教师可以给他们提供一些常见问题模板，让他们了解具体的科学探究问题，以助于他们产生好奇心。比如说，什么是光？化石是如何形成的？如果不下雨，我们一定不能看到彩虹吗？为什么眼睛能看到东西？等等

有时在课堂上，他们会对很多事物感到新奇，这时需要引导他们认识到什么样的问题来自优质的好奇心。教师可以带领孩子们在课堂上对好奇的问题进行汇总分类，讨论哪类比较好，同时形成好问题的标准。当孩子们学会判断什么是优质的好奇心时才能更科学、更深入地了解整个自然世界。

3. 为提问作特别安排，鼓励提问气氛

在家里或课堂上，不能把提问当作任务。若是一本正经地问孩子们有什么问题，然后又匆匆地将提问环节略去，如此走过场似的敷衍了事并不能培养他们的提问意识。要形成提问的气氛，教师可以安排提问的时间和环节，让提问成为学生学习的一部分。教师也可以安排自由提问时间，提供问题板，设置"问题角""问题箱"，让学生把自己困惑的现象、感兴趣的话题等以问题的形式记录下来；设立"问题周""问题日"，让孩子展示自己的问题。

有些孩子有好奇心却不敢发问，是因为胆怯，害怕被人嘲笑："连这个问题都不会？"久而久之，他们早期出现的强烈好奇心因不能得到满足而慢慢衰退，这时教师应为孩子的好奇心营造一个安全的环境，让他们觉得任何问题和疑问都会被尊重，都能对成长和构建知识产生价值。孩子在课堂上有时会觉得自己的疑问没意思，因而不想提出来，这时教师可以设置"只发问，不评价"的环节，让孩子专心于提问，之后让他们筛选出自己心中的好问题和大家一起分享。

如果孩子们对自然世界中的一切毫不关心，或者只是机械地回答书面问题，那不是科学教育所期待的。只有孩子们自己对于构建知识、理解自然产生责任和愿望，才能促使他们主动地深入思考，自主地提出疑问。

（撰稿人：金晓迎）

案例三：从岗位走向独立
——如何培养队员的自主决策力？

一、案例描述

学校大队部来了个腼腆的小女孩——小陈。据她的班主任介绍，这是个聪明的小姑娘，从小到大都按照父母制定的轨迹成长，尽管学习成绩很不错，但做事不够果断、自信，经常拿不定主意。这个文静害羞的小姑娘，心里有什么想法也不敢主动说出来，更别提在大庭广众面前发言或表演了。老师给她表演机会，也鼓励她，但都收效甚微。如何帮助小陈树立信心，提高自主决策力，成了我和她的班主任一直思考的问题。

升入二年级的小陈，被同学们推选为班级大队委员候选人。在她自己的努力下，有了一个新的身份——小公民自治委员会财商启迪部副部长，这对她是一个全新的挑战。我希望她能够借助这一岗位的历练，提高自主决策力。

起先的工作开展得并不顺利。她告诉我："财商启迪部开会时，我总是跟着高年级的队干部一起工作，难得提出一些点子，高年级的队员就会和我唱对台戏，我说东他们偏要做西。有时我说好几遍，他们也不听。"她并没有生气，只是有些气馁。我劝慰她："只要你认为自己的想法是正确的，就要坚持，高年级的哥哥姐姐们迟早会认可的。"她点点头，慢慢地突破自己，更敢于表达自己的想法。一次午饭时，财商启迪部要通过校园广播向全校同学播送通知，她鼓足勇气，自告奋勇向在场的另外两位部长说："你们都轮过了，这一次我来播吧，保证完成任务。"哥哥姐姐们看到她坚定的眼神，就把这个机会让给了她。她打开开关，深吸一口气，把通知大声地说了出来，很好地完成了这次任务。从那以后，她更自信了，也敢在众人面前大声发言了。

在岗位中得到自信的小陈自主性也慢慢变强了。以前，她无论作什么决定都是爸爸妈妈安排好的。班主任和她家长进行了一次谈话，请父母大胆地放手，让她自己安排学习和工作。后来，小陈尝试着自主安排学习和工作的时间了。每次去财商启迪部开会或参加学校实践活动之前，她都主动利用课间休息时间把当天的作业先完成。以前，她要经老师的提醒才会去办公室给老师帮忙，现在几乎每天只要一有空，她都会去办公室，看看有什么能帮忙的。

一年下来，小陈与班上同学的相处也更加融洽了。以前，老师教学生要懂礼貌，同学见面要友好地打招呼。害羞的小陈做得并不是很好，若是遇上心情不好的时候，更是把见面礼仪忘在了脑后。经过财商启迪部的岗位锻炼后，她明白了，要想跟同学相处得好，需要一颗真诚的心。于是，不管心情好不好，她都始终面带微笑。就是这平常的一点一滴、一举一动，才让同学们感受到她的真诚与亲和力，也更愿意与她交朋友，她在同学心中的威信也逐步得到提高。

二、案例分析

经过与家长的深入交流，我们发现造成小陈自主决策力不强的原因在于：

一是学龄前，家长对其安排过多。例如，升入大班的小陈和同学分别了一个暑假，看到许多同学都在艺术辅导班里学到新本领，很是羡慕，就对妈妈说："我喜欢舞蹈和下棋，我想报这两个辅导班。"妈妈却早已在开学前给小陈报了思维训练班、看图说话培训班和英语外教班。开学后，妈妈也没把小陈的要求当回事，而是按自己的想法给小陈选择了她认为比较重要的辅导班。妈妈对小陈解释道："你想报的艺术辅导班对今后上学没啥用处，再过一年，你就要上小学了，现在最重要的是抓紧时间好好学英语和算术。"小陈只能听从父母的安排，参加她并不太感兴趣的培训班。像这样的例子比比皆是。在生活上，小陈也会习惯性地听从父母的安排，穿爸爸妈妈买来的衣服，吃爷爷奶奶准备的饭菜，从基本的生活自理，到思想的自主，孩子的独立性没能得到很好的发展。

二是在与同伴的相处中，没能得到特意引导。小陈是家里的二胎，在家有个比她大两岁的哥哥。所以从小到大，她都是哥哥的"小跟屁虫"。无论是看书，还是游戏，总是喜欢学着哥哥的样子，尽管天资聪颖，但遇到不顺心的事，也总是和哥哥商议。在幼儿园里，经常和她一起玩耍的小伙伴雯雯是个大大咧咧的"女汉子"，有什么事总是喜欢冲在前面，小陈也习惯性地跟在她后面生活、玩耍。渐渐地，就形成了自主决策力较弱的性格。

三、问题解决

对成人而言，决策不仅是作出决定，在这之前还必须进行详尽的资料搜寻和评估工作，事后更要进行检讨，才能真正累积经验，增加日后决策的成功机会。而对学生来说，决策就是作出决定或选择，是通过分析、比较，在若干种可供选择的方案中选定最优方案的过程。对孩子来说，他们总是依据现在的感知加上以前的知识建构，对未来进行预测和判断。该如何帮助学生作出决策，提升自主决策力？可从以下几点入手：

1. 改变教养方式

每当孩子有需求时，家长没必要总在第一时间发现并立刻作出回应。家长过于敏锐快速的反应使孩子不需要张嘴就可以得到满足，久而久之，用语言提出要求对孩子而言就成为一项多余的技能。每当孩子面临选择时，家长更不能习惯性地替孩子作出选择。如果过度帮助他们作出选择，思考就成了孩子无用的累赘。因此，要改变家长的教养方式，在问题和选择面前，放手让孩子自己作出决定，即使是错误的，孩子在受到挫折后，也会有助于他们今后作出更为正确的选择。随着孩子不断成长，他们将来会面临更大的挑战，家长改变教养方式，有意识地将孩子的决策力训练引入日常生活中，对这些看似缺乏主见的孩子会有很大帮助。

2. 提供岗位实践机会

在实践岗位上进行锻炼，尤其是需要学生自主管理的岗位，更能有效提高学生的自主决策力和判断力。每一种方案的优缺点是什么？可能造成的结果是什么？这些选择方案是否符合部门的预期目标？从部门发展到活动开展，再到评价反馈，这些问题，都需要学生自己进行思考、实践、探索。无论是部门计划的制订，还是对同学工作的评定，都是学生自己依据主观经验和客观环境作出的。除了理性的思考外，个人主观的感受也很重要。学生通过反复思索每一个选项，想想未来可能出现的结果，以及对这些结果有什么感受，自主决策力将会慢慢得到提高。

3. 提供决策技巧

除了家庭教育和学校岗位的支持，还应对学生进行自主决策技巧的指导。首先，要提醒学生了解问题所在，否则可能导致错误的决策方向，不仅无法解决问题，还可能产生新的问题。可以指导学生将目前的问题切割成数个更小的问题，这样能够看清问题的根本。例如，问题是何时发生的？是如何发生的？为何会发生？已经造成哪些影响？问题的定义是一个持续的过程，经过不断调整、重新解释，一次比一次更为完整、更为清晰。其次，指导学生进行思维扩散。平时遇到问题，可以召集大家一起讨论，提出各种想法，先不要考虑后续可行性的问题。点子越多越好，不要作出任何的价值判断，所有想法都提出来之后，找出可执行度较高的，然后针对每一个想法再详细讨论使其更为完整，并试着将不同的想法整合成更好、更完整的方案，最后筛选出数个重点选择方案。在授予方法的同时，培养学生养成理性思维的方式。

（撰稿人：朱莉敏）

案例四：实验课上的小助手
——实验课中学生缺少探究精神怎么办？

一、案例描述

在一节实验课上，学生们正在按小组对不同植物的茎进行观察。巡视过程中，我发现有一个小组并没有在认真观察，两个女生正聊得火热，一个男生在桌子下面偷偷看漫画书，还有两个男生拿着观察的材料，相互丢来丢去。我立刻走了过去，询问他们小组的组长："你们小组观察得怎么样了？"小组长拿出活动单说："我们都已经观察过了。"只见他们的活动单上潦草地画了几笔茎的横切结构，并没有写出分析过程。于是我又问道："那你们讨论出为什么茎的结构是这样的吗？"他们面面相觑，不知道该怎么回答。

在之后的实验课上，我更注重对小组实验情况的巡视，发现每个班级都有一些学生对于实验观察总是以完成任务的形式对待，对观察到的现象缺乏思考和探究精神。实验课需要学生主动学习，缺少探究精神导致他们在课上无所事事，因此出现开小差、影响课堂纪律等情况。

课后，我与在实验课上不能很好投入的小组成员进行了交流沟通。其中，一位男生小豪告诉我，他并不是不想去进一步思考和探究，而是不知道该怎么做，因此就放弃了。另一位女生小昕说，她对学习这些知识的兴趣不大，对实验现象没有好奇心，不想去思考其中的原因。

二、案例分析

通过对一些学生的观察、了解和沟通，我发现缺乏探究精神的孩子主要有两种类型：

一类是面对实验现象，不知道该如何去展开探究。这类学生大多思维活跃，但课堂纪律不佳，往往不是开小差就是插嘴。这类学生对于实验课的态度非常积极，很乐于动手动脑，但由于理论知识的缺乏，他们在完成老师布置的实验任务后不知道该如何自行思考去理解并发现藏在现象背后的原理和知识。他们的内心其实是喜欢思考和探究的，但正因为课堂上不良的学习习惯，导致他们在实验前没有做好准备工作，缺少探究的基础，面对实验现象，没有办法得到启发，也就无法顺利进行探究，因此渐渐失去了探究精神。

另一类是如小昕这样的学生,他们对解决问题缺少一定的兴趣。兴趣是学习最好的老师,缺少兴趣往往无法很好地投入学习。对于这类学生,要培养他们的探究精神,必须先要使他们对学习产生兴趣。

三、问题解决

对于因不同原因而缺乏探究精神的学生来说,我们应该以不同的方式去引导和培养。

有一次,小豪由于上课又违反纪律被我叫到了办公室。说起他的错误,他自己很清楚,并又一次答应我会改正。我有些无奈,因为小豪心里一点也没有当回事,这又是一次无用的沟通。这时,我突然想到一个办法,对他说:"这样吧!小豪,我给你一个弥补的机会,我们正好上到了磁铁这一单元,你回去先自己预习一下,下节课就请你为大家来上课。"小豪一开始有些惊讶,但看出我是认真的,也就只好答应下来。我并没有对他的表现抱有很大希望,但是到了第二天上课,他很自信地走上了讲台,手里还拿着实验材料,开始有模有样地给其他同学做起了实验。虽然他说得有些磕磕绊绊,有时还有些小错误,但这是一次很好的改变他的机会。因此,我真诚地表扬了他,肯定了他对实验的热爱和潜力,并给他临时安排了一个小岗位——"实验小助手",请他帮助老师准备实验的材料。自那以后,我发现他上课格外认真,下课常常跑来问我需要做什么,我也在布置任务的同时无意"泄露"一些下节课的内容,好让他回去预习。就这样,小豪从不知道该如何去展开探究,变成了一个热爱探究的学生。

除了及时的肯定,教师还要给他们合适的引导。在小组进行实验前,教师往往会对探究的过程和方法进行梳理和引导。这时,教师要更加重视这类缺乏探究精神的学生,帮助他们集中注意力,参与实验前的准备。这样,一方面可以帮助他们整理思路,对基础知识进行梳理;另一方面也可以将他们带入探究情境,更有效地激发他们的探究精神。

另外,探究不仅仅是独立思考,也需要合作。对于一些缺少探究能力的学生而言,合作探究可以给他们提供更为广阔的空间,这也正是实验课往往采用小组形式进行的原因。合作探究不仅能够帮助这些不知道该如何去探究的学生找到方法和途径,还可以增加学生之间思维的摩擦与碰撞,这是教师引导所不能代替的。因此,对于缺少探究能力的学生来说,合理分组至关重要。

对解决问题缺少兴趣的学生，最关键的就是要让他们体验到探究的乐趣，这样自然而然也就培养了他们的探究精神。在激发兴趣时，创设情境是一种方法。生动有趣的情境能够唤起学生的注意，调动起学生思维的积极性。在"导体与绝缘体"一课中，老师首先给学生创设了一个贴近生活的问题情境：课厅的灯坏了，我们怎样才能修好它？对这样的问题，很多学生在家里碰到过，与生活关系密切，因此会对如何解决它产生好奇心，这便是培养孩子探究精神的开始。创设情境是非常重要的一步，除了要使创设的情境生动有趣、贴近日常生活外，还要符合学生的年龄发展特征。对低年级学生而言，可以适当加入小动物等元素，而对于较高年级学生而言，有一定挑战性的问题更能够激发他们的探究精神。

除了创设情境之外，还要注意给他们留出充足的探究时间。人的思维是他人所不能替代的，要培养学生的探究精神，就必须让他们自己去动脑。因此，在实验课上，决不能将实验的要求、方法和注意事项一股脑都灌输给学生，这样被动地接受往往会让学生失去探究的欲望，变得只是为了做实验而做实验，对于培养学生的探究精神毫无帮助。这也就是为什么在做实验之前，我们需要大量的讨论和交流，让学生自己思考怎么做、为什么这样做的原因。例如，在"味觉和嗅觉"一课中，我用了大量的时间去引导学生自己设计实验方法，这对他们来说是有挑战性的，需要充分掌握控制变量法。在学生以小组形式设计实验时，我通过巡视提出问题，一次次推翻他们的设计，为的是让他们能考虑得更为完善。最后，各小组向全班介绍自己的方案，并根据自己的方案完成实验，得到结果。这种成功的喜悦能成为激起他们热情的力量。留出足够的探究时间，不仅仅是培养他们的探究精神，也是为了让他们尝到通过自己的努力获得成功的喜悦。当然，在探究过程中，我们还要注意不同学生的能力差距，不能"一刀切"地对待。在学生有所收获时，应及时给予一定的正面评价和反馈。

其实，每个孩子都有一颗探索世界的心，都有探究未知的精神，而教师要做的就是去激发他们的潜能，适时提供一定的引导和帮助，并在他们获得成功的时候及时给予积极的评价，让他们再一次产生强大的内在动力，从而激发潜能，以争取新的更大的成功。

（撰稿人：黄佳颖）

第七章 学生自控能力培育的行动探索

强调学生的自控能力,归根到底就是要提升学生的自我管理能力。所谓自我管理,一般理解为自己管理自己,是一种自我调控、自我约束的行为。具体地说,自我管理是指个体自觉地对自己的思想、心理和行为进行调节、控制或约束。学生自我管理包括两方面内容:一是学生个体对自身思想、心理、行为的动态管理;二是学生个体对集体社会行为的管理,以及集体作用于学生个体的交互式管理。

第一节 学生自控能力的理论阐释

正如前文所言,自控能力在实践中往往被理解为学生的自我管理能力,鉴于此,可以从学生自我管理的构成要素来理解学生自控能力。

一、学生的自我意识与自控能力

自我意识是意识形成的一种,是追求自我价值的表现,也是对自我价值的认识,它包括对自我品质、才能、智慧和性格特征等全部思想和情感的认识。学生在抽象思维能力不断发展的过程中,独立的倾向越来越强烈,因而他们对自身的兴趣会变得浓厚。他们开始观察自己,从一种依赖状态走向独立状态,他们进入探索和确立真正自我的阶段。学生自我意识的觉醒是成长过程中的一个重要内容,体现在学生思想意识的各个方面,他们会力争使自己在更广泛的社会范围内得到承认。学生自我管理模式的实施要求尊重学生自我意识,让学生自己去思考消化、去认识、去辨别是与非。学校教育的实践表明,学生只有正确地认识自我,才能通过主体自我感知、控制、塑造客体自我,从而实现心理范畴的自我对象化。

二、学生的自我体验与自控能力

根据一般心理学的理解,自我体验是指人对自身心理内容的一种内省式的把握,是人在将自己作为独立生命个体进行自我审视时所产生的某种深沉情绪。要指导学生学会自我尊重,懂得自尊、自重、自爱,以积极健康的心态进行道德情感和学习成长的体验。学生在自我管理的过程中,体验到的可能是成功、自信、认可、关怀、赞美甚至是崇拜,也可能是失败、自卑、否定、漠视、批评,因为学生体验的往往是他们不曾经历的,体验过后的冲击是强烈的,所以在进行自我管理的过程中,学生一定要保持积极乐观的心态,承认任何可能的失败和打击,同时更要求教育者在这一过程中审视学生的自我感受,并及时地给学生以关心和指导。

第二节 学生自控能力的实践案例

基于学生意识和学生体验两个维度的分析,我们认为,就小学阶段而言,要提升学生的自控能力,实际上就是要提升学生的学习专注力,提升学生在学习过程中的耐挫能力,提升学生对于自我情绪的控制能力。

一、学生学习专注力培养的实践案例

案例：我很差劲吗？

一、案例描述

小慧同学主动找到我，说自己上课时经常走神，回过神来的时候可能已经错过了老师讲的重要内容，平时做作业、看书总是静不下心来，效率很低，正确率也不高。

小慧还表示自己做数学题很久没有全对了，而班里往往有一半同学可以做到全对，自己对自己越来越没有信心了，对自己感到很失望。她说自己没有做到全对不是因为不会做，而是因为粗心造成的，粗心的原因就是注意力不集中。

我从任课老师那里了解到，小慧是一个比较乖巧的女孩，平时比较安静，成绩也尚可，不是老师操心的对象，也不是特别拔尖的学生。

二、案例分析

小慧能意识到自己的问题，想要改善注意力不集中的情况，主动寻求帮助，是非常值得肯定的。

那么，她注意力不能集中到底到达什么程度？是否达到了"注意力缺陷障碍"（ADHD）的程度呢？我让小慧填写了"注意力缺陷自评量表"。ADHD 分为三种亚型："多动冲动型""注意力缺陷型"和"混合型"。结果显示，小慧一定程度上符合"注意力缺陷型"。但由于是自评量表，可能存在不太客观的情况，如由于担心而夸大其程度或者故意轻描淡写，因此该结果也只能作为评估参考。

这一亚型的 ADHD 其实是平时比较容易被我们忽视的类型，因为属于该类型的学生不会对其他学生及课堂造成影响，老师也不容易察觉到，有时会被认为是"粗心""不认真"等态度问题。假设说，小慧真的是 ADHD 患者，那么这是一种神经发育障碍，是需要药物控制的，就应该就医治疗了。小慧父亲很重视女儿的问题，表示想带女儿去医院诊断一下。

造成注意力不集中除了生理方面的原因，也存在情绪方面的原因。如果孩子情绪压抑、内在不协调、生活中有困扰的问题无法解决，也容易在行为上表现为注意力不集中。因此，我尝试了解小慧在同伴交往及家庭生活中有什么困扰。在与我熟悉之后，小慧向我吐露她有一个好朋友，自己对她非常依赖、非常在乎，但是她对自己却忽冷忽热，并且对方性格外向，不只有自己一个好朋友，有时不和自己玩，而是和其他人玩。这时，小慧就很难受，倍感孤单，但又没有其他好朋友可以交往。小慧认为，这是因为自己一年级的时候特别爱哭，所以班里的同学都不怎么喜欢自己。这时，她就会觉得自己不够优秀，不如别人，性格太内向，产生别人不喜欢自己的自卑感和负面的自我评价。

小慧表示，自己上课走神的时候经常会胡思乱想，会想到这些不开心的画面。这样看来，小慧的注意力不集中确实可能和无法处理生活中的困扰而产生情绪问题有关。当小慧把很多心理能量都耗在内在冲突、内在斗争、自我怀疑上的时候，行为上就容易表现为无法集中注意力。那么，我们可以通过帮助她更好地与同伴相处、改善自我认知、提高自信心来促使她改善注意力不集中问题。

小慧还提到，有时她在和别人讲一些事情的时候，别人并没有表现出感兴趣的样子，而只说了一声"哦"就走开了，这时自己就会很难过，再也不想主动和这个人说话了。

从小慧的行为模式中不难发现，小慧的性格是非常敏感脆弱的，在得不到别人回应的时候会怀疑自己是不是不被喜欢、不被尊重。

其实，小慧的这种自卑、敏感、悲观的性格往往与她的家庭养育方式有关。我们发现，这样的孩子往往会有一位严厉、苛刻的母亲，凡事喜欢挑错，容易看到孩子身上的缺点而不是优点。久而久之，孩子也会内化这种态度，会用这种方式来看待自己，觉得自己总是不够好，不如别人，变得不自信，情绪压抑。往往这样的孩子容易注意力不集中，会不自觉地陷入某种游离状态。

三、问题解决

1. 改善自我认知

小慧的注意力不集中有情绪方面的原因，而情绪往往是不合理认知造成的。我们发现小慧对自身的认识是负面、悲观、狭隘的。对于这样的情况，我们需要调整小慧的自我认识，帮她树立积极、全面的自我认识。

小慧总是觉得自己性格不好，觉得内向的人没有外向的人有出息，觉得别人都不喜欢她这样。对此，我系统地给小慧讲解了性格理论，让她认识到不管是内向还是外向的人都是有各自优势的，只要运用得好，做适合自己的事情，都可以做出成绩来。我和小慧一起仔细分析了她的优点,以及她性格特征中蕴含的潜在优势。

对于小学生来说,直接对其道理是比较难以内化的。除了理性地与她分析自身情况外,我还用隐喻的故事引导她,并且借了几本书给她看,让她从故事中获得更深刻的感受。

通过更充分、更全面地认识自己,可以让学生产生更多自信心,更不容易因为外在的环境而产生负面情绪。

2. 增强家庭沟通

对内向、自卑、敏感的孩子来说,他们更需要家人的肯定。往往严厉苛责的父母和不良的沟通方式是孩子产生这类问题的根源。

我告诉小慧家长,对她这类敏感、自卑的孩子来说,家长得善于发现她身上正向的部分,肯定并且放大她的优势,从而强化她的自信心,毕竟这个年纪的孩子往往是通过成人对自己的评价来认识自己的。

3. 注意力训练方法

在认知和情绪层面的问题解决后,小慧的注意力问题会自然而然地好转。同时,我也向她介绍了一些常用的注意力训练方法,如色字划消训练、舒尔特方格以及各种视觉听觉类的注意力训练等。配合这些训练方法,注意力问题能够得到更好的改善。

(撰稿人:汪佩琪)

二、学生挫折耐受力培养的实践案例

案例:我也喜欢英语

——一年级新生学习英语受挫怎么办?

一、案例描述

一年级新入学的孩子稚气未脱,他们用新鲜好奇的目光打量着校园、老师和同学。在为期四周的英语学习准备期中,他们从上课坐姿、举手提问、简单问候这些课堂常规学起,接着学唱儿歌童谣,培养学习兴趣。孩子们学习热情高涨,有时在走廊里很远看到我,就会响亮地问候:"夏老师好!"然后冲过来欢快地抱住我。这是我教一年级新生才有的幸福时刻。

宁宁也是这样一个会抱住老师的可爱男孩。他上课时，眨巴着大大的眼睛看着我。班级小朋友唱英语歌曲时，他拍手一起唱。做游戏时，他哈哈大笑，很是有趣。然而他有时东张西望，扭来扭去坐不住，小手常拨弄铅笔盒。不过经老师提醒之后，他就坐端正了。我觉得，宁宁是因为刚开始上学还没养成好的听课习惯，但是他能够听取老师的建议，积极参与融入课堂。

准备期结束，学生即将开始正式学习，也相应地面临新的学习要求和挑战。课前要预习；上课要专心听讲，学习课本上的句子和单词；课后还要模仿朗读，认读词句。班级中大部分小朋友顺利进入新的学习状态，可宁宁的学习状态却明显松散。课堂上他常表露出困惑不解的神色，我请他回答问题时，他也总是摇头。又过几天，他甚至一直低头玩尺和橡皮，游离在课堂之外。

于是，我更加留意他的表现，尽量多请他回答问题并参加课堂活动。看到他和同学们一起朗读、唱儿歌的时候，赶紧给他鼓励。看到他分心了，马上提醒他。可是他没有像我期待的那样燃起学习的热情，即使一时兴起，过一会儿又很快没了兴趣。

我下课找到宁宁问："宁宁，你怎么不像刚开学的时候上课那么起劲了？不怎么回答问题，只做小动作？"宁宁难过地说："我不知道意思，记不住。"我心想，教学进度处于放慢的阶段，班级绝大部分同学是学得比较轻松的。我又问他："你按照老师的要求，预习、复习了吗？"他摇摇头说："爸爸妈妈不在家，没人给我预习、复习。" 我似乎有点明白宁宁的难处了。孩子学习英语有了受挫感，自然产生了畏难情绪，所以有了这些退缩的表现。

我一边继续在课堂上关注他，一边在班主任老师的帮助下很快和家长取得联系，寻求家长的支持与配合。

二、案例分析

和宁宁的家长沟通后，我感到孩子家长之前因忙于工作而忽略了孩子的需要，同时他们也不了解孩子刚刚读一年级对家长有什么样的需要。但他们是重视孩子的学习的，他们非常感谢老师的及时反馈，对于老师提出的陪伴、督促孩子学习，并帮助孩子预习、复习和培养习惯等要求表示都会积极配合并认真去做。

在老师和家长共同的关注和帮助下，宁宁获得了不小的信心和动力。他似乎感到自己有希望赶上同学了，上课时他开始注视老师和屏幕上的教学内容。可是当我请他回答问题或是和同学一起玩识字游戏时，他仍然胆怯地耷拉下脑袋。分心做小动作的坏习惯，也没那么容易改掉。一次做练习册时，他沉醉于玩尺和铅笔，没有跟上听力内容，事后看到练习册上都是错题，他自己也十分懊恼。

我继续和宁宁家长保持沟通，他们主要表达了这三方面的困惑：

首先，一年级的学习内容简单，又没有作业，家长也需要陪伴和督促孩子的学习吗？

与高年级的孩子相比，一年级的孩子大多尚未培养起独立学习和完成作业的能力（没有书面作业，不等同于没有作业），这时恰恰最需要家长在身边陪伴和督促，从而使孩子把学习能力和习惯培养起来。家长若以为放任孩子，孩子自己就理所当然能够独立学习，培养自觉的习惯，那么这是一种轻忽。一个懵懂的孩子可能在学习上随时感到无助。

英语学科还有一个特别之处——需要听读模仿。孩子需要在电脑或手机上听和跟读音频、视频等学习内容。如果家长没有下载和播放并在旁督促孩子听读模仿，孩子是无法自己预习和复习的。这样孩子很快就会与同学产生差距，幼小的心灵也会有落差感。

其次，孩子上课不专心，坐不住，家长一直给他讲道理，怎么没有作用？

宁宁的家长要求宁宁提高上课的学习效率，每天都给他讲好好学习、专心听讲的重要性。可是课堂上，他就是管不住自己。宁宁妈妈说，道理孩子都懂，但他就是管不住自己，现在没办法只好每天都让他在家里"练坐"了，为的就是让他能够"静心"，可结果还是这样。

我和宁宁妈妈分析，孩子是顺从听话的，他不是故意玩闹要影响别的同学，也不是特意要引起老师的注意，他只是克制不了，就想要"动一动"。老师提醒他，他就坐正了，过一会儿他又控制不住自己了。这是他"做不到"大人的要求，而不是"不去做"。这时，讲道理起不到效果了，我们需要给孩子找到方法。

最后，一年级这么简单的内容，教来教去，孩子怎么就是学不会呢？

根据宁宁家长的反馈，孩子口头跟读还好，但是认读单词非常困难。当天所学单词就那么三四个，可是宁宁认读好多遍，还是不认识。句子不用说，更是不会了，复习之前所学的，也是直摇头。不仅孩子有受挫感，家长都开始焦虑了。

于是，家长想用自己的学习经验来教孩子：让宁宁拼背单词，学习音标，抄写单词。然而，孩子认读单词已经很吃力，还要在字母都没有学会的情况下写单词，学习字母和音标这两套符号体系，显然加重了孩子的学习负担。尝试下来，收效甚微。

三、问题解决

在学校里，宁宁得到了班主任老师和任课老师极大的关心和帮助。班主任老师把他的座位换到非常靠前的位置，便于老师在他不专心时提醒他。我也一如既往地在课堂上多请他回答问题，无论他说得对不对，只要能够参与，都给予鼓励。我还请英语比较好的同学和他做对话问答。宁宁有不懂不会的，我让他马上订正，鼓励他不要灰心。

此外，对于家长有困惑的地方，我也给出具体的建议和指导。

第一，陪伴、督促孩子学英语，"听"非常重要。"听"是语言输入的第一个环节。孩子语感的形成，有赖于反复的"听"，要听懂、听熟、听透。

由于孩子"会不会读"的表现是直观的，也是老师最容易检查的，而"有没有听"是隐性的，所以孩子和家长容易忽略"听"的作业。如果"听"的功夫没有下足，无论大人怎么催促孩子"读"，孩子都可能不会读、读不好、混着读。多听，到一定时间后，孩子自然而然就能有自信地大声说，而认读单词句子，就更是要基于"听"的基础了。

宁宁家长在我的提示下，严格按照要求帮助宁宁完成"听"的作业：播放录音，左手扶书，右手点字，仔细聆听，随录音移动手指，听满十遍，在此基础上再做"跟读"和"认读"的作业。

第二，在动态中培养孩子的专注力和自制力。宁宁上课的专注力和自制力不够。宁宁家长先是通过讲道理的方式对宁宁加以教育，接着让孩子"练坐"，但是没有收到满意的效果。其实，集中注意力是全身协调的结果。我观察过不少好动的孩子，并和他们的家长交流，发现上课注意力涣散、自制力不够的孩子，在跳绳和拍皮球这两项运动上也坚持不了多久，因为这两项运动不仅需要体力，还需要专注力。

我建议宁宁家长每天让宁宁跳绳或者拍皮球。这样一方面让他在运动中训练自己集中注意力，另一方面结合他好动的性格，把过多的精力消磨掉，从而有利于静下心学习。

宁宁家长说，这个方法孩子非常喜欢，比让他"练坐"强多了。同时，孩子身体也得到了锻炼。渐渐地，宁宁甚至喜欢上一边听英语，一边拍皮球，真是意外之得！一段时间后，宁宁上课确实比之前坐得住，也更专心了。

第三，理解孩子的学习规律，理解孩子的困难，并给予帮助。大人眼中的"这么简单的内容"，对孩子来说，也许不是这么回事。

现在的英语教学是贴近母语习得的过程，随文习字，所以孩子是直接面对文本和单词句子，之前没有系统学习字母的基础。如果这样看，宁宁从零基础直接开始学习英语，有一段时间"不会说"，就不那么令人焦虑了。别的孩子学得快一点，也许学前有一些基础，已经入了门，因此不能放在一起比较。

我给宁宁家长提供三个关于认读和记忆单词的建议。

第一，制作单词卡片时，把单词写得大一点，方便孩子把单个字母的形状看清楚。在单词的某些字母上，描上简笔画，让孩子产生感性的联想。比如，对"rubber"和"ruler"两个单词，孩子经常分不清楚，可以在字母"bb"这里画两块橡皮，在字母"l"这里描上刻度画成尺的样子。又如"girl"这个单词，把字母"g"画成女孩的脸和一条垂下来的发辫，在"eye"的两个字母"e"上添几笔眼睫毛。

第二，先让孩子识记短而简单，容易上口，最能感受字母发音规则的单词。比如，对"fat""bag""pen""dog"等单词，孩子在听和读的时候，容易记住并说出来；而且每个字母和发音都能够逐一对应，容易感知字母的发音规则。孩子熟知这些单词和字母之后，面对新单词就不会一筹莫展了。他们能够认读"pen"，那么认读"pencil"就方便了；认得"fat"，就可以从"father"里面找到认得的字母；如果学会了"father"，那么"grandfather"又好记了。记忆单词不能当作记忆一串又一串无规则排列的字母，否则谁也记不住。

第三，让孩子记他喜欢的单词，用他喜欢的方法。孩子容易记住他喜欢的事物的单词，如 hamburger（汉堡包）、dinosaur（恐龙）、unicorn（独角兽），这些单词都很长，但孩子感兴趣就能记住。另外，可以和小朋友玩单词卡片的游戏，如"抢拍单词卡片""猜一猜""对对碰"等他们喜闻乐见的方式。

很快，从宁宁家长的反馈得知，宁宁对认读英语单词和句子已经不再抵触了。他乐于和家长一起玩单词卡片的游戏，上课也有了明显改善，能够举手回答问题了。当回答正确得到老师和同学的肯定时，宁宁的眼中闪耀着自信的光芒，脸上展现出幸福的微笑。

宁宁学习英语入了门，后面的学习也就顺利了。令人惊喜的是，英语还成为他最喜欢的学科之一。到三年级，宁宁的英语成绩处于班级领先水平，他还参加了英语戏剧社团。一年级刚入学时受挫的经历最终没有阻碍他继续学习，反而让他积累了克服困难迎头赶上的经验。

（撰稿人：夏慧芳）

三、学生情绪控制力培养的实践案例

案例：管好"生气怪"

一、案例描述

从教的第五年，我遇到了二年级的男生小孙。小孙是一个精力充沛、喜欢活动的男孩。随着时间的推移，我还发现小孙是一个容易生气，喜欢与人打架的孩子。

下课了，小孙喜欢和一些男孩子玩在一起，但是原本开开心心的游戏，有时却因为小孙发脾气，变成最后以打架收场。我询问过小孙生气的原因，他说，或因为别人不遵守游戏规则，或因为别人不让他参加游戏，或因为自己输了……总之有了"导火索"，他生气以后的表现就是要找人打一架。有些情况下，他不是向招惹他生气的"主犯"下手，而是特意找那些打得过的男生"撒气"。

因为小孙易怒且好动手打人，同学们渐渐不愿意和他一起玩。于是小孙为了引起同学们的注意，开始"惹事"，如故意打一下同学，引那位同学追逐他。而这样更加引起同学们的反感，当同学表现出厌恶情绪时，小孙又会生气并动手打人。

"为什么老是喜欢动手打人呢？"我问他，他也委屈地表示："我很想和别人一起玩，但是我生起气来，真的控制不住。"

二、案例分析

心理学告诉我们，情绪无所谓好坏，但情绪对人的学习、生活会产生重要的影响。愉快的情绪有助于身体的健康、学习效率的提升、人际交往的和谐，消极的情绪会降低学习效率、影响人际交往。本案例中的小孙易怒，只会通过动手打人来发泄，这对于他的人际交往产生了严重影响。

经过与家长的深入沟通，我发现小孙易怒且好动手打人的原因有：

一是家庭影响。小孙的爸爸经常以打骂作为教育孩子的主要方式。孩子是父母的镜子，家长生气时的样子会深深烙印孩子心里，并加以模仿。

二是缺乏情绪管理能力。每个人都有生气的时候，但是小孙易怒，并缺乏正确疏导负面情绪的方法，就只会动手打人来发泄。

三、问题的解决

针对小孙易怒的特点，我认为应帮助他认识情绪的影响并学习调节情绪，这对他今后情绪管理能力的提高会有重要的影响。为此，我制订的计划是：

第一，让小孙知道情绪有多种，并体验生气对身体、生活、学习的影响。

第二，掌握情绪调节的简单方法。

第三，具有调节和管理情绪的初步意识，并在管理好情绪的基础上提高人际交往能力。

根据小孙好动的性格特点，我对他的教育方法以游戏活动、角色扮演等为主。同时，动员家长、全班学生一起来帮助小孙。

首先，上一次全班心理辅导课，指导学生调节情绪的方法。为了让学生感受到生气这种情绪对自己的身体、生活、学习效率是有影响的，我播放了动画片《生气的时候》。让学生们看看动画中的人物生气时的表现，之后让学生们演一演自己生气时的状态。这个过程中，我特意请了小孙参与。我进一步问他：生气的时候身体会有什么变化？以此引导全班学生了解不良情绪强烈、长期存在，足以给疾病大开方便之门，容易得冠心病、胃病、高血压等。但是，我们可以通过自我调节，成为情绪的主人。

同时，我告诉学生大多数情况下，生气不仅不能解决问题，还会让事情变得更糟。我让学生针对日常学习生活中让自己生气的情境进行讨论，并追问他们：有什么办法在这些情况下不发火？在这个过程中，小孙也讲了自己的经历，我想他也有了一些思考。我立刻推荐了一些舒缓情绪的方法，比如，把不高兴的事情写在纸团上扔掉、做运动、听音乐等。

其次，与同学合作，玩多米诺骨牌锻炼心性。小学二年级的学生在游戏过程中得到的体验，是最能够引发他们思考的，所以我给小孙特意安排了多米诺骨牌的游戏活动。

经常玩多米诺骨牌，可以改变人的心态，有一定的调节情绪的作用。由此，我事先准备了一些图形，让小孙和几个自愿报名参与的同学在课间拼搭多米诺骨牌。一个图样要在一天内搭完，课间要一起来拼搭。在这个过程中，不管发生什么情况，合作伙伴之间都不能打架。

经过一段时间的磨合，小孙能够和同学们很好地合作拼搭多米诺骨牌了。我送给了他们一人一套，让他们回家后自己继续玩这个游戏。经过这段时间的相处，小孙与这几个小朋友也有了一定的交集。他发现不动手打人，与人好好说话，不仅可以提高做事情的效率，而且还可以收获友谊。之后，我观察到，小孙在其他活动中生气打人的次数也少了。

最后，通过家校沟通，共同营造适合孩子心理健康成长的环境。我针对小孙的问题及自己采取的一些措施和家长进行沟通，他们也表示愿意配合。特别是看到了小孙的一些转变后，小孙爸爸也能够与小孙好好说话，而不是采用打骂的方式进行教育了。家里播放舒缓的音乐、陪孩子一起搭多米诺骨牌、周末陪孩子一起运动……到了三年级，小孙不再那么易怒，即使生气，也能克制自己，不随意出手打人了。

其实，有不少学生生起气来都会变得不管不顾，小孙的现象可能比较突出，所以我觉得集体心理辅导和个别心理疏导都是非常有必要的。随着年龄的增长，学生情绪体验开始丰富，但是二年级的学生对情绪的影响还缺乏一定的认识，不善于调整自己的情绪。因此，需要帮助学生了解：生活中的小事情会引发我们的各种情绪，应该学习一些有效控制情绪的小窍门，使自己在愉快、积极的情绪中度过每一天。

（撰稿人：屠娟）

结语　学校人才培养理念与方式变革的未来展望

培养高质量的人才，既是时代发展赋予学校的神圣使命，也是学校办学价值、办学质量的最终体现，任何一所有责任感、使命感的学校，都会在人才培养上精雕细琢，都会将高质量人才培养作为改革发展的核心追求。

本书深刻分析了新时代背景下学校在人才培养的思考、设计和实践上的应为与可为，不论是个性化的人才培养模式构建，还是基于学科教学的人才培养案例探索，体现的都是学校和老师对于人才培养问题的独特思考与深入探究，正是因为这些实践性的思考与探索，学校办学质量才能够逐年提升，人才培养特色才能够逐渐形成。

时代在发展，社会在进步，教育变革的脚步自然无法停歇，着眼于未来的学校人才培养，至少应该在以下四个方面孜孜以求：

第一，未来社会人才培养要突显时代性。人才的培养总是要与时代发展同频共振，当今时代信息技术的快速发展是最为显著的特征，人工智能给教育变革带来了新的可能和空间。在未来社会，将会有更多的技术支持教育改革，支持学生的学习。未来的学校、未来的课堂和未来的学习，可能不会像以前那样单调枯燥，内容的丰富性和表现形式的生动性将是未来学习的主要特征。在这样的时代背景下，应在人才培养的过程中充分借助信息技术手段，探索信息技术与人才培养的深度契合，这是时代的声音，也是教育改革深层次的呼唤。

第二，未来社会人才培养要强化校本性。教育对于人才的培养既有着眼于社会整体发展的共性要求，也应该追求"和而不同"的百花齐放场景。每一所学校都是不同的，都有着不同的历史文化、价值信仰、师资条件，在人才培养上也就应该突显自己的特色和追求。当每一所学校都能够有效融合社会需求和学校特色，在人才培养上精心设计的时候，我们就能够培养出各具特色的高质量人才，从而为社会各领域的发展进步提供源源不断的智力支持。

第三，未来社会的人才培养要注重整体性。教育是一个生态圈，学生的健康成长和全面发展既需要学校教育的帮助，也需要社区教育、家庭教育乃至整个社会教育资源的共同支持。特别是家庭教育，对于学生健康成长的作用更加明显。家庭是社会的细胞，是人生的第一所学校，不论时代发生多大变化，不论生活格局发生多大变化，我们都要重视家庭建设。在未来的人才培养中，要注重不同教育形式的整合价值，充分发挥学校教育和家庭教育、社会教育的协同功能，形成育人合力，共同支持学生全面发展，共同形成人才培养的支持体系。

第四，未来社会的人才培养要彰显人本性。当代教育的最重要价值取向就是对人的生命关怀，强调把学生当成独特的生命个体，当成有血有肉的灵魂，注重对学生的人本关怀。可以预见的是，随着时代的发展进步，教育领域对于人本的价值追求将更加突显，这也就意味着未来的人才培养，要注重彰显人本性，这一方面强调学生在自我发展过程中的主体地位，倡导学生对发展的自我规划、自我设计、自我实施和自我评价；另一方面也要求教育直面每一个学生，充分认识不同学生的个体差异，让每一个学生都能够实现立足其自身的成长，这应该是教育追求的宏伟目标。

人才培养归根到底是一种实践性活动，不论基于怎样的理念和假设，要培养高质量的人才，最终都需要学校教育的发展，需要教师的充满智慧的劳动，只有每一所学校、每一位老师都感受到时代发展的使命召唤，都能够在育人过程中充分发挥自觉性、主动性，人才培养的美好理想才能够最终实现。

主要参考文献

【1】《中国教育现代化2035》[EB/OL].http：//www.moe.gov.cn/jyb_xwfb/s6052/moe_838/201902/t20190223_370857.html，2019-02-23.

【2】陈如平.以理念创新引领学校变革[J].人民教育，2007（21）.

【3】陈水平，等.教育理念的价值及其实现[J].山西大学学报(哲学社会科学版)，2010（5）.

【4】陈晓善，张兴红.从大学生学习动力现状谈加强思想政治工作的时效性[J].中北大学学报，2008（6）.

【5】陈艳君，刘德军.基于英语学科核心素养的本土英语教学理论建构研究[J].课程教材教法，2016（3）.

【6】段作章，田业茹.学习兴趣的发生学探析[J].教育科学，2012（3）.

【7】范涌峰.学校特色发展测评模型研究[D].重庆：西南大学，2017.

【8】冯建军.公民教育目标的当代构建[J].教育学报，2011（3）.

【9】高先列.学习内动力的构成与激发策略[J].教育科学论坛，2019（1）.

【10】郭元祥.论学校的办学理念[J].教育科学论坛，2006（4）.

【11】国家中长期教育改革和发展规划纲要（2010-2020年）[EB/OL].http：//old.moe.gov.cn//publicfiles/business/htmlfiles/moe/info_list/201407/xxgk_171904.html，2010-07-29.

【12】皇甫科杰,张旭."新基础教育"视野下师生交往新理解[J].现代教育科学(高教研究)，2017（3）.

【13】贾绪计，王泉泉，林崇德."学会学习"素养的内涵与评价[J].北京师范大学学报（社会科学版），2018（1）.

【14】坚持中国特色社会主义教育发展道路 培养德智体美劳全面发展的社会主义建设者和接班人[EB/OL].http：//www.moe.gov.cn/jyb_xwfb/s6052/moe_838/201809/t20180910_348145.html，2018-09-10.

【15】康文科，陈瑜秋.艺术审美教育与健康人格培养[J].高教学刊，2018（1）.

【16】李宝庆，等.新课程改革下学生学习方式的转变[J].教育研究与实验，2012（6）.

【17】李丽.追寻学习的生存论意义[J].全球教育展望，2006（2）.

【18】李晓文.教育，要从学生的成长需要出发[J].人民教育，2010（11）.

【19】李晓延.新时代教师队伍建设的重要意义[J].人民论坛，2018（12）.

【20】林崇德.21世纪学生发展核心素养研究[M].北京：北京师范大学出版社，2016.

【21】林崇德.学习与发展[M].北京：北京教育出版社，1992.

【22】刘德华，蔡婷.教育理论与实践的关系：三个维度的审视[J]大学教育科学，2011（2）.

【23】刘丽.家庭关系对儿童心理发展的影响[J].教育教学论坛，2018（11）.

【24】刘薪.中学生同伴交往的意义及其引导[J].教学与管理(中学版)，2012(10).

【25】刘玉侠，等.国家开放大学"六网融通"人才培养模型建构与分析[J].中国远程教育，2019（6）.

【26】卢惠斌.教育：在三维向度上获得最大可能的发展——关于办学理念的终极价值定位与思考[J].江苏教育，2008（9）.

【27】陆彩霞.基于学生需要和兴趣的校本课程开发[J].安徽师范大学学报（人文社会科学版），2006（5）.

【28】马利红.英语学科核心素养内涵探析[J].基础外语教育，2019（2）.

【29】孟繁华，等.中国教育政策的范式转换[J].教育研究，2019（3）.

【30】孟建伟.教育与幸福——关于幸福教育的哲学思考[J].教育研究，2010(2).

【31】邵朝友.学科素养的国际理解及启示[J].教育理论与实践，2016（20）.

【32】邵秀芹.小学数学核心素养的构成及培养方式阐述[J].中国校外教育，2019（6）.

【33】孙霄兵.改革开放以来中国特色教育政策理论的发展创新[J].国家教育行政学院学报,2019(2).

【34】王海燕.立足课堂的教师发展可能[J].教育发展研究,2017(7).

【35】王佳美.初中生学习自控力现状调查与干预研究[D].重庆:重庆师范大学,2016.

【36】王宁.教育政策分析:主体性价值视角及方法论概述[J].江苏高教,2014(2).

【37】王喜斌,王会娟.小学语文学科"核心素养"的内涵及其实现路径[J].教学与管理,2018(4).

【38】王晓辉.一流大学个性化人才培养模式研究[D].武汉:华中师范大学,2014:8-26.

【39】卫建国.以改造课堂为突破口提高人才培养质量[J].教育研究,2017(6).

【40】邬志辉.学校特色化发展的重新认识[J].教育科学研究,2011(13).

【41】吴祚稳.同伴交往:儿童主体性发展的精神家园[J].教学与管理,2008(2).

【42】习近平在北京大学师生座谈会上的讲话[EB/OL].http://politics.people.com.cn/n1/2018/0503/c1024-29961468.html,2018-05-03.

【43】谢光琼.和谐师生关系的生成及其价值体现[J].和田师范专科学校学报,2008(6).

【44】杨玲,曹莉莉.中学生人际交往能力类型及其应对方式的关系——基于多民族混合学校学生心理素质研究[J].西北师大学报(社会科学版),2013(2).

【45】杨志超.学校课程体系建构探索:从学科素养到核心素养[J].小学教学研究,2018(4).

【46】姚计海."文献法"是研究方法吗——兼谈研究整合法[J].国家教育行政学院学报,2017(7).

【47】叶进容.提升小学生同伴交往能力的教育对策[J].教书育人,2018(46).

【48】岳辉,和学新.学科素养研究的进展、问题及展望[J].教育科学研究,2016(1).

【49】张德禄.中国英语教育的发展与未来[J].当代外语研究,2016(1).

【50】张娜.三大国际组织核心素养指标框架分析与启示[J].教育测量与评价,2017(7).

【51】张素华.家庭心理环境与自我学习动力之研究[D].天津:天津师范大学,2012(12).

【52】张绪培.办不一样的学校,培养不一样的人才[J].中国教育学刊,2012(12).

【53】赵兰兰.学习兴趣研究综述[J].首都师范大学学报(社会科学版),2006(6).

【54】赵兰香,等.中国人才培养急需"双重转型"[J].中国科学院院刊,2019(5).

【55】中共中央、国务院关于全面深化新时代教师队伍建设改革的意见[EB/OL].https://baijiahao.baidu.com/s?id=1591241119248259699&wfr=spider&for=pc,2018-02-02.

【56】中华人民共和国教育部.义务教育语文课程标准[M].北京:北京师范大学出版社,2012.

【57】中小学德育工作指南[EB/OL].https://baike.baidu.com/item/%E4%B8%AD%E5%B0%8F%E5%AD%A6%E5%BE%B7%E8%82%B2%E5%B7%A5%E4%BD%9C%E6%8C%87%E5%8D%97/22110620?fr=aladdin,2017-08-17.

【58】钟启泉.基于核心素养的课程发展:挑战与课题[J].全球教育展望,2016(1).

【59】钟启泉.学科教学的发展及其课题:把握"学科素养"的一个视角[J].全球教育展望,2017(1).

【60】周洪宇,等.第三次工业革命与人才培养模式变革[J].教育研究,2013(10).

【61】周霖,卜庆刚.为了儿童美好生活的教育——第二届批判教育学国际学术研讨会综述[J].教育研究,2018(8).